Vor 75 Jahren

Wie hätte Leonardo da Vinci wohl reagiert, wenn er vor einem dreiviertel Jahrhundert noch einmal auf die Welt gekommen wäre? Zunächst hätte er sich sehr gefreut, auf so viel Wertschätzung zu treffen. Doch als uneitler Realist hätte er sich sodann darauf gestürzt, mit Staunen und stetig wachsender Begeisterung über 400 Jahre Fortentwicklung der Fliegerei zu studieren. Gleichzeitig wäre ihm das alles aber auch ganz selbstverständlich erschienen – Genie, das er nun einmal war. Und den Sprung auf den Standard von heute hätte er allemal locker hingekriegt.

Wenn wir heutigen Frankfurter hingegen dieses dreiviertel Jahrhundert zurückblättern, dann erscheint es manchmal als irreal, daß heute allein in Deutschland jedes Jahr zig Millionen Menschen ein Flugzeug besteigen. Die ersten Linienverbindungen waren längst geknüpft, und Frankfurt hatte damals einen gehörigen Anteil. Immerhin bildete es neben der Hauptstadt Berlin den zweitwichtigsten Luftverkehrsknoten. Da war es nur noch eine Frage der Zeit, wann zum Beispiel der erste Transatlantikflug das Ende der Ära der ehrwürdigen Ozeandampfer einläuten würde. Langsam aber sicher entwickelte sich der Luftverkehr zum ersten „Internet" des physischen Transports und zeitigte ähnlich revolutionäre Wirkung, wie dies die Protagonisten des virtuellen Nachfolgers auch heute vorhersagen.

Frankfurt war von Anfang an dabei. Seit Blanchards Start mit dem Heißluftballon vor den Toren der Stadt 1785 atmete die Reichsstadt Luftverkehrs-Luft. Die Stadtväter trieben in kontinuierlichem Bemühen die Entwicklung voran. Heute läßt sich zurückblickend mit Recht sagen: Frankfurt hat Tradition im Luftverkehr. Die Bürgermeister und Stadträte wußten, daß die alte Handelsstadt seit Jahrhunderten von Verkehr und Kommunikation lebte. Diese waren der Bodenschatz der Stadt am Main. Jetzt gerieten größere Entfernungen in das potentielle Strahlungsfeld der alten Reichsstadt: Welch eine Chance. Wie sich die Bilder gleichen.

Längst ist das Fliegen für viele Menschen unserer Stadt selbstverständlich geworden. Manche nehmen es gelangweilt hin, anderen flattern Schmetterlinge im Bauch. Längst ist jeder Punkt der Erde von jedem anderen aus erreichbar. Auch in Zukunft wollen wir dafür sorgen, daß alle unsere Gäste und die Frankfurter selbst immer einen Anschluß an die Welt über uns finden.

Dr. Wilhelm Bender
Vorstandsvorsitzender der Flughafen Frankfurt/Main AG

Ferry Ahrlé

„Mir werden Flügel wachsen,
der Mensch wird fliegen."

(Leonardo da Vinci)

Die Deutsche Bibliothek – CIP Einheitsaufnahme
Ahrlé, Ferry:
„Mir werden Flügel wachsen, der Mensch wird fliegen" / Ferry Ahrlé. –
Heidelberg: Umschau Braus, 1999
ISBN 3-8295-8104-1

© 1999 Umschau Braus
Heidelberg

Alle Rechte der Verbreitung in deutscher Sprache, auch durch Film, Funk, Fernsehen, photomechanische Wiedergabe, Tonträger jeder Art, auszugsweisen Nachdruck oder Einspeicherung und Rückgewinnung in Datenverarbeitungsanlagen aller Art, sind vorbehalten.

Lektorat: Barbara Karpf
Gesamtherstellung: Brönners Druckerei Breidenstein GmbH

Printed in Germany
ISBN 3-8295-8104-1

Inhalt

Vorwort	7
Mir werden Flügel wachsen (Leonardo da Vinci)	9
Luftgeist (Shakespeare)	18
Ein unruhiges Gemüt (Wallenstein)	21
Die Täuschung (Heinrich VIII.)	29
Königlicher Ikarus (Voltaire)	35
El Kabib (Napoleon)	44
Der Zauberkünstler (Potemkin)	52
Wasservögel (Casanova)	57
Über allen Wolken ist Ruh' (Goethe)	64
Das Luftzeug (Nestroy)	73
Fliegende Tournedos (Rossini)	78
Flug zu Lutter und Wegener (E.T.A. Hoffmann)	85
Göttlicher Schwan (Wagner)	92
Der Aufklärungsflug (Karl Marx)	97
Ottos Traum (Lilienthal)	104
Über den Autor	108

Vorwort

Dreht man das Rad der Menschheitsgeschichte zurück, so stößt man in den unterschiedlichsten Epochen immer wieder auf denselben Traum: der Traum vom Fliegen.

War er bei Ikarus noch sagenhaft, rückt er bei Leonardo da Vinci schon in greifbare Nähe. Bei konsequenter Ausführung seiner Konstruktionspläne von Flugapparaten wären die Gebrüder Wright, Blériot, Lilienthal und andere dann vielleicht schon in der Weltraumfliegerei tätig gewesen und hätten Flugbasen auf dem Mond und Mars gegründet. Hätte Leonardo seine Ideen verwirklicht, so hätte dies erstaunliche Veränderungen bewirkt.

500 Jahre Geschichte umdenken, ein Ideenspiel, das große Freude macht und die Phantasie des Lesers anregt. Die Historiker mögen staunen. Wir kennen natürlich die zahllosen Retuschen in Memoiren und Autobiographien großer Persönlichkeiten. Die Verfasser suchen der Nachwelt ihr Wunschbild von sich zu zeichnen und ihre Beteiligung am Ablauf geschichtlicher Vorgänge so vorteilhaft als möglich darzustellen.

Auch Anekdoten haben ihr Eigenleben. Aus überlieferter Erzählung wird durch die Weitergabe von Mund zu Mund eine von der historischen Wahrheit recht unabhängige Geschichte.

Aber wenn sich erst die Dichter und Poeten der Geschichte bemächtigen, dann geht's rund. Das nüchterne Aktenmaterial wird zum malerischen Epos. Es unterhält als historischer Roman oder betritt die Bühne. Und wie edel erscheinen sie, die Tudorkönige, der Götz und der Tell. Mit den geschichtlichen Urbildern haben sie oft nur den Namen gemeinsam.

Aber nun zurück zum Fliegen.

"Vom Monte Ceceri aus wird der wunderbare Vogel sich aufschwingen, der die Welt mit seinem Ruhme erfüllen wird", prophezeite Leonardo da Vinci, als er sein erstes Flugmodell durch die Luft gleiten sah. Das war in den 80er Jahren des 15. Jahrhunderts.

Die Fliegerei beginnt. Follow me! Auf in den Flug der Gedanken! Jetzt verändert sich die Welt.

Meine Leinwand ist der Himmel

Mir werden Flügel wachsen

Immer wieder beobachtet der Knabe den Flug der Vögel. Er kann sich daran nicht satt sehen. Mit großer Spannung hört Leonardo von seinem Lehrer, einem Mönch, die Geschichte von Ikarus. Als dieser ihn einmal fragt, wer der größte Held des Altertums sei, antwortet er, wie aus der Pistole geschossen: Ikarus, der Sohn des Dädalus.

Am Glockenturm des Domes von Santa Maria del Fiore gibt es eine Darstellung seines mit Vogelfedern bekleideten Helden, die er sehr liebt. Die Geschichte des unglücklich verlaufenen Fluges beschäftigt ihn. Seine Träume sind erfüllt davon.

In seinen späteren Aufzeichnungen schreibt er: „Denn ich entsinne mich, daß ich in frühester Kindheit einmal träumte, ich liege in der Wiege, und ein Geier kommt auf mich zugeflogen, öffnet mir den Mund und streicht mehrmals mit den Federn darüber hin, wie zum Zeichen, daß ich mein Leben lang über Flügel sprechen werde." Seine Jugendfreunde hören oft den Satz: „Mir werden Flügel wachsen, der Mensch wird fliegen!" Mit diesen Worten sollte Leonardo die Welt verändern.

Er beginnt als Schüler des großen Malers Verrocchio. Seine Begabung verspricht eine erfolgreiche künstlerische Laufbahn. Verrocchio ist aber nicht nur Maler.

Er unterrichtet Leonardo auch in Bildhauerei, Mathematik und Geometrie. Außerdem betätigt sich Verrocchio als Ingenieur und vermittelt Leonardo sein Wissen. Hier ist dieser in seinem Element. Die Liebe zum Fliegen bricht mit voller Begeisterung aus. Die Mitschüler nennen ihn den „Flieger", denn die Randleisten seiner Bücher sind voll mit gezeichneten Flugapparaten.

Bei Kerzenschein liest er alles über Mathematik und Physik, angefangen von den physikalischen Betrachtungen des Aristoteles. Er notiert, macht Skizzen, entwirft Maschinen. Und dann entstehen immer häufiger detaillierte Pläne und Modelle seiner geliebten Flugapparate. Seine Umgebung bedauert es zwar, daß er seine Malerei vernachlässigt, ist aber doch erstaunt, mit welchem fanatischen Eifer er sich der Fliegerei widmet.

1482 begibt er sich nach Mailand. Die Medici haben ihn dem Herzog Ludovico empfohlen. Ein Witz der Weltgeschichte: der Maler und Erfinder wird als Musiker engagiert, da sein Lautenspiel große Aner-

Der größte Held des Altertums

kennung fand. Aber man würde den Meister schlecht kennen, wenn er dort als Hofmusikus endete. Nein, schon bald ist er auch mit seinen Erfindungen am Hof präsent. Im Gegensatz zu den Medici ist Ludovico an den Wissenschaften äußerst interessiert. An seinem Hof tummeln sich die Doctores und Gelehrten, es gibt Mathematiker und Ingenieure in Hülle und Fülle.

Leonardo konstruiert wie ein Besessener, und so manches Gemälde bleibt unvollendet. Geschickt schmeichelt er sich bei Ludovico mit Kriegsgeräten ein, die zu dieser wie zu allen Zeiten am vordringlichsten Verwendung finden. Er entwirft Rammböcke, eine Methode, Festungen zu zerstören und Instrumente zur Bombardierung des Angreifers. Das Interesse am Hof ist groß. Aus dem Musiker und Maler ist ein hochgeschätzter Ingenieur geworden, elegant gekleidet und mit einer hochherrschaftlichen Wohnung. Er ist nun eine angesehene Persönlichkeit Mailands.

Der Herzog quält ihn zwar immer noch mit einem Reiterstandbild, dem Sforza-Monument, aber Leonardos Gedanken gelten nur dem einen Ziel: Wie bewege ich Ludovico dazu, meine Flugzeugkonstruktionen in die Tat umzusetzen?

Er skizziert und notiert, studiert und konstruiert. Wie ist die Wirkung des Luftwiderstandes, wie sind die Strudelbewegungen der Flüssigkeiten? Fragen über Fragen. Und immer wieder kommt er auf seine Beobachtungen der Vögel zurück. Der Flügelschlag, das Gleichgewicht, die Stabilität, das Einhalten der Flugrichtung. Die Vögel sind seine Lehrmeister. Hunderte von Bögen füllt er mit Zeichnungen.

Jetzt muß er diese Forschungen umsetzen. Es geht ihm um die mechanische Möglichkeit des menschlichen Fliegens. Er schreibt: „Mit einem Ding übt man gegen die Luft soviel Kraft aus, als die Luft gegen dieses Ding. Du siehst, wie die Flügel, die gegen die Luft geschlagen werden, bewirken, daß der schwere Adler sich in der höchsten Luft halten kann. Weiterhin siehst du, wie die Luft, die sich über dem Meer bewegt, das beladene und schwere Schiff dahin eilen läßt, wenn sie ihm in die geschwellten Segel stößt. Aus diesen augenfälligen Gründen kannst du ersehen, daß der Mensch die Luft wird unterjochen und sich über sie erheben können, wenn er gegen die Widerstand leistende Luft mit seinen großen, von ihm gefertigten Flügeln eine Kraft ausübt und diesen Widerstand überwindet."

Mit Plänen und Aufzeichnungen unterm Arm begibt sich Leonardo zum Herzog. Ludovico hat seine Höflinge um sich geschart, alle blicken voller Erwartung auf den Meister.

„Mein Fürst, eine neue Epoche bricht an!" Mit diesen Worten beginnt Leonardo seinen Vortrag, der nach und nach immer hektischer wird. Tische quellen über von Plänen. Seine Stimme überschlägt sich, als er erklärt, daß der Mensch sich durch die Lüfte fortbewegen und Kontinente überfliegen wird. „Die Welt wird zu unseren Füßen liegen", beschwört er seine Zuhörer.

„Und wir werden die Vorherrschaft in Italien erringen", flüstert ein militärischer Berater dem Herzog zu. Ludovico aber betrachtet Leonardo abschätzig von oben bis unten. „Hirngespinste, nichts als Hirngespinste! Mach er lieber das Reiterstandbild fertig. Er kann gehen."

Leonardo ist tieftraurig, aber läßt sich nicht entmutigen. Immer wieder notiert er Ergebnisse seiner Vogelflugbeobachtungen. „Bestimme erst die Windrichtung und beschreibe erst dann, wie die Vögel sich allein durch die ausgleichende Bewegung ihrer Flügel und ihres Schwanzes darin halten."

Wie halten sich die Vögel in der Schwebe? Die physikalische Seite dieser Frage ist für ihn wichtig. Wie sehen die Bewegungsabläufe bei Windstille und bei starkem Wind aus? Wie wird ein schwerer Körper bei Luftwiderstand in der Schwebe gehalten? Unterbricht er seine Studien, so hat er immer das abweisende Gesicht des Herzogs mit seinen dunklen Augen, der großen Adlernase und seinem weichen Mund vor sich. Ludovico il Moro ist ein wankelmütiger Typ. Im Gegensatz zu seinem Vater, dem großen Condottiere Francesco Sforza, der Löwe und Fuchs zugleich war, hat Ludovico nur die Gerissenheit des Fuchses. Mit ein paar Strichen zeichnet Leonardo ihn an den Rand seiner Flugskizzen. „Nun sag' schon ja", denkt er.

Aber bald ist der Herzog vergessen und Leonardo wieder an der Arbeit.

Wie sind die Flügel der Vögel beschaffen? Anatomische Untersuchungen lassen ihn ihre einzelnen Funktionen bestimmen. Der Flügel weist zwei gekrümmte Flächen auf, zum Körper hin konkav, nach außen konvex. Der Forscher schlägt sich an die Stirn. Richtig, daraus ergibt sich eine aerodynamische Funktion, sie ist für die Schaffung des Schwebezustandes notwendig. Am Flügel sind es die Schwungfedern, die das Gleichgewicht herstellen. Beim Kurvenfliegen haben sie die

Mein Fürst, eine neue Epoche bricht an

Aufgabe, die Tragfläche zu vergrößern und bei ihrer Entfaltung auf einer Seite eine Bremswirkung auszuüben. Jetzt weiß er, wie seine Flugzeugflügel aussehen müssen. In den nächsten Wochen arbeitet er weiter an der Mechanik des Vogelfluges und gelangt zu letzten Klärungen der Probleme des menschlichen Fluges. Wieder und wieder überarbeitet er die dem Herzog vorgelegten Zeichnungen. Er verwirft den ursprünglich vorgesehenen Antrieb seines Flugapparates durch die Muskelkraft des Menschen und ersetzt sie durch seine Erfindung der Luftschraube.

Eines Tages fährt der Herzog mit seinen Höflingen wieder beim Meister vor. „Leonardo, die Neugier treibt mich, wie weit ist er denn mit seinem Flieger?", fragt er etwas spöttisch. Leonardo, mehr als überrascht, zeigt ihm selbstbewußt seine Pläne und besonders die Entwicklung des Antriebs durch die Luftschraube. Der sonst zögerliche Ludovico ist wie verwandelt. „Großartig, ich gebe ihm Geld und Mitarbeiter. Baue er mir ein Modell! Wir werden eine Projektgesellschaft gründen und junk bonds ausgeben oder einfacher, wir erhöhen die Steuern und Abgaben. An der Gegenfinanzierung darf die Zukunft nicht scheitern!"

„Endlich, endlich", denkt Leonardo, während der Hofstaat ihn verläßt.

Die nächsten Wochen sind mit dem Bau des Modells ausgefüllt. Tüchtige Mitarbeiter hat sich Leonardo ausgesucht, und bald ist der Flugapparat fertig. Doch Leonardo will den ersten Start ohne den Herzog durchführen. Er bringt den Apparat mit seinen Leuten auf einen in der Nähe seines Hauses gelegenen Hügel, und das Abenteuer beginnt. Die Maschine erhebt sich, und Giovanni, ein junger Gehilfe, dreht seine erste Runde. Nach der Landung umarmt der Meister seinen Schüler. Freudig ruft er: „Wir haben es geschafft, unser Vogel fliegt!"

Hätte Ludovico tatsächlich ja zum Flugapparat gesagt, müßte die Geschichte von diesem Zeitpunkt an neu geschrieben werden.

Sie beginnt damit, daß Leonardo nach seinen Architekturplänen Produktionsgebäude bauen läßt. Er ist jetzt nicht nur Chefingenieur, sondern auch Unternehmer. Ludovico zahlt und zahlt. Schon nach zwei Jahren sind sechs Flugapparate fertig.

Die Malerei hat Leonardo aufgegeben. Mona Lisa lächelt, wird Stewardeß und der Louvre muß auf ihr Porträt verzichten. Der Herzog, politisch in Schwierigkeiten geraten, beauftragt seinen Chefkonstrukteur, Bomben für Flugapparate zu erfinden. Leonardo gehorcht.

Was möchten Sie trinken?

Als die Franzosen über die Alpen kommen, um Ludovico zu vertreiben, empfängt sie dessen kleine Luftarmada aus den Wolken. Die Franzosen fliehen, die Schlacht hat der Herzog gewonnen.

Zu den glücklichsten Stunden Leonardos aber zählen die, in denen er über Städte und Landschaften fliegen und neben sich die Vögel sehen kann, die ihm den Weg weisen.

Vom Maler zum Chefingenieur

Luftgeist

„Denn der Regen, der regnet jeglichen Tag."
So der Narr im „König Lear".

An einem solchen trüben Tag wird William Shakespeare nach dem nicht mehr als 100 Meilen entfernten London fliegen.

Shakespeare ist wieder einmal zusammen mit seinem Schauspielerfreund Edward in seiner alten Heimat Stratford-upon-Avon. Damals hat die Stadt 1500 Einwohner. Viehweiden und Felder umgeben die Häuser inmitten eines waldreichen Tales. Als Kind hatte er diese Wälder durchstreift, und sein „Sommernachtstraum" geht auf diese Kindheitserinnerungen zurück. Er hatte unter Bäumen geträumt und die langen, farbigen Schatten beobachtet, die das Sonnenlicht auf den Waldboden malte.

Später im Bühnenwald hört man die Elfe:
„Über Täler und Höhen,
durch Dornen und Steine,
über Gräben und Zäune,
durch Flammen und Seen,
wandel' ich, schlüpf' ich überall
schneller als des Mondes Ball."

Bevor die beiden Freunde den alten Vater Shakespeare besuchen, wandern sie durch den Zauberwald. Ein Leben lang hatte John Shakespeare ein gutes Verhältnis zu seinem Sohn William. Der Vater, der es bis zum Bürgermeister von Stratford gebracht hat, ist der bekannteste Handschuhmacher in der ganzen Gegend und ein Künstler seines Handwerks. Er kauft Kälber, schlachtet sie, und aus ihren Häuten entstehen die elegantesten Handschuhe. Im Hause riecht es immer etwas nach Blut und nicht nach Rosen. Vielleicht fließt deshalb in den Stücken des Sohnes dieser Saft so reichlich.

Gerne hätte es der alte Shakespeare gesehen, wenn sein Sohn auch Handschuhmacher geworden wäre. Obwohl William die Arbeit seines Vaters sehr bewundert, hat er doch nie bereut, dessen Wunsch nicht gefolgt zu sein. Aber die Kälber von Stratford vergißt er nie. So läßt er Hamlet zu Polonius über den Mord an Cäsar sagen: „Es war brutal von ihm, ein so kapitales Kalb umzubringen." In einer anderen Szene fragt Hamlet: „Wird nicht Pergament aus Schafsfellen gemacht?"

Horatio: „Ja, mein Prinz, und aus Kalbsfellen auch."

Schneller als des Mondes Ball

Vater, Sohn und Freund sitzen am Kamin und unterhalten sich. Man spricht vom Theater, über das Schlachten und die Schlachten der englischen Könige. Vom Hof hört man das Brüllen eines Kalbes. Es klopft, und vor der Tür steht der dritte Earl of Hawkins, ein Gönner des Dichters. Seine Familie unterhält eine private Fluglinie. Stratford – London – Stratford. Schon oft hat er Shakespeare seine Flugkünste vorgeführt. Da er weiß, daß die Freunde am nächsten Tag im Globe-Theater sein müssen, bietet er sich an, die beiden an die Themse zu fliegen. Beide sind hocherfreut über diesen Vorschlag.

In der Nacht prasselt der Regen gegen die Fenster und auch am nächsten Morgen stürmt und regnet es. Auf dem Flugplatz begrüßt Hawkins seine Gäste. Zweifel, ob man bei diesem stürmischen Wetter starten könne, werden zerstreut. Als alle fest in ihren Sitzen angeschnallt sind, wird der Motor angeworfen und das Flugzeug startet nach London. Während des unruhigen Fluges summt Shakespeare:

„Sei nicht in Angst! Alles ist voller Lärm,
voll Töne und süßer Lieder, die ergötzen,
und niemand schaden tun. Mir klimpern manchmal,
viele tausend helle Instrumente ums Ohr,
und manchmal Stimmen, die mich, wenn ich auch
nach langem Schlaf erst eben aufgewacht,
zum Schlafen wieder bringen: Dann im Traume
war mir, als täten sich die Wolken auf
und zeigten Schätze, die auf mich herab
sich schütten wollten, daß ich beim Erwachen
auf's neue zu träumen beginne."

Später ist Caliban in seinem „Sturm" mit diesen Worten zu hören. Und auch der Luftgeist „Ariel" wird eine Schöpfung in Erinnerung an diesen stürmischen Flug nach London: „Ich trink im Flug die Luft und bin zurück, eh zweimal euer Puls schlägt."

Bei der Verabschiedung auf dem Flugplatz erhält Pilot Hawkins zum Dank vom Dichter ein paar echte kalbslederne Shakespeare-Handschuhe.

Ein unruhiges Gemüt

Nur acht Jahre dauert der Dreißigjährige Krieg. Der Mann, der die vorzeitige Beendigung des großen Mordens erreicht, ist Albrecht Wenzel Eusebius Wallenstein, ein rätselhafter Mensch, der auf der politischen Bühne des 17. Jahrhunderts eine bedeutende Rolle spielt.

Er ist ein großes militärisches Talent und ein großer Organisator. Für ihn ist die Fliegerei die wichtigste technische Errungenschaft. Durch seine kriegerische Taktik, den Gegner unter Schonung der eigenen Bodentruppen mit Flugzeugangriffen zu überraschen, hat er den wahnsinnigen Krieg vorzeitig beendet.

Wallensteins Charakter soll nicht nur Schiller zu einem Drama inspirieren. Ganze Generationen regt die Biographie des Herzogs von Friedland zu immer neuen Ausdeutungen an.

Als 25jähriger war Wallenstein erzherzoglicher Kämmerer am Habsburger Hof. Hier hatte er ein entscheidendes Erlebnis. Er glaubte an die enge Beziehung des Menschen zur Welt der Gestirne. Deshalb bat er Kepler, den berühmten kaiserlichen Astronom, um sein Horoskop. Dieser kannte ihn nicht und erfuhr nur seine Geburtsdaten.

Wie hatte er es geschafft, daß der große Kepler für ihn, den damals noch unbekannten jungen Mann arbeitete? Ganz einfach, Kepler brauchte Geld, und Wallenstein hatte es. Zu einer persönlichen Begegnung der beiden ist es nie gekommen.

Kepler sagte ihm große Erfolge voraus. Er beschrieb ihn so: „Solcher Gestalt mag ich von diesem Herren in Wahrheit sagen, daß er ein wachendes, aufgemuntertes, unruhiges Gemüt habe." Dann sprach er noch von „allerhand Neuerungen". Dies bezog Wallenstein später auf seine erfolgreiche Fliegerei. Kepler hatte das große Talent des künftigen Politikers und Feldherrn erkannt.

Immer wieder betont Wallenstein, welchen enormen Eindruck dieses Horoskop auf ihn gemacht habe. Er ist überzeugt, daß es ihn auf den Weg zur Fliegerei gebracht hat. Stets trägt er es bei sich. Treffen die Voraussagen zu, ist er zufrieden, wenn nicht, lacht er darüber. Meistens aber ist er zufrieden.

1617 hatte ein wichtiger Abschnitt in Wallensteins Leben begonnen. Der Thronfolger Erzherzog Ferdinand war in Geldnot und mitten im Krieg mit Venedig. Dieser Krieg wurde zum Testfall seines politischen Debüts. Er befürchtete die Kapitulation seiner Festung Gradisca. Dringende finanzielle Unterstützung war nötig. Wallenstein erreichte ein Notruf.

Er warb Truppen an und bezahlte die Ausrüstungen: 180 Kürassiere und 80 Musketiere, ein trefflicher Haufen, mit dem er im Eiltempo nach Süden aufbrach. Sechs Monate sollte er die Männer auf eigene Kosten besolden und verpflegen.

Die Besatzung hinter den Mauern der Festung Gradisca war bei seiner Ankunft fast verhungert. Hätte Wallenstein jetzt schon die Idee von einer Luftwaffe gehabt, hätte er sich die mühsamen Bodenkämpfe ersparen können. So aber mußte er nach alter Väter Sitte mit Wucht angreifen.

Seine Attacke durchbrach die venezianische Reiterei, und die Festung war gerettet. Nach weiteren Erfolgen Wallensteins erklärte sich Venedig zu einem Friedensabkommen bereit.

Darüber findet man im Wiener Kriegsarchiv einen nüchternen Bericht: „Bei dieser Occasion hat sich Herr Albrecht von Wallenstein, ein reicher mährischer Herr und tapferer Cavalier, der auf seine Kosten dem König 200 Pferde sechs Monate unterhalten, redlich und vernünftig gehalten und tapfer und herzhaft gezeigt."

Ferdinand sollte die Hilfe des „Cavalier Wallenstein" nie vergessen und immer wieder von den großartigen Attacken bei Gradisca sprechen.

Nach dem Friedensschluß fährt Wallenstein nach Venedig, um seinen alten Astronomieprofessor zu besuchen. Wie früher beobachten beide den Himmel und die Gestirne. Wallenstein zeigt seinem Professor das Keplersche Horoskop. Geheimnisvoll meint dieser: „Wallenstein, Ihr werdet noch hoch steigen!"

Wallenstein begreift nicht.

Der Professor setzt ihm seine Idee, wie man künftige Feldzüge verändern könnte, auseinander. Wallenstein ist gespannt.

„In Padua gibt es einen Flugplatz mit neuartigen, schnell einzusetzenden Flugzeugen. Durch meinen Freund Antonio habe ich mit Hilfe der Sternkunde schon oft Pläne für Flugrouten erstellt." Wallenstein hört aufmerksam zu.

Der Professor erklärt ihm seine Berechnungen:

„Da die Umlaufzeit der Planeten leicht zu beobachten ist, muß man nur die Entfernung eines Planeten von der Sonne messen. Und wenn man die Entfernungen im Weltraum kennt, kann man diese auf der

Ihr werdet noch hoch steigen

Landkarte umsetzen und in den Flugplan einzeichnen. Auch die Stellung der Sterne und die Form der Wolken sind für die Fliegerei wichtig." Wallenstein ist begeistert.

„Und natürlich fällt dann auch so manches persönliche Horoskop für den Piloten ab", fügt der Professor lachend hinzu und holt aus dem Nebenraum eine Darstellung des Flugzeugtyps.

Wallenstein erkennt sofort die Möglichkeiten dieser Maschine für künftige Kriegsführung.

Mitten in diese Demonstration hinein meldet Wallensteins Diener einen Boten Ferdinands. Der Erzherzog war inzwischen König von Böhmen geworden und läßt Wallenstein schnellstens zu sich bitten.

Zum Abschied schenkt der Professor seinem ehemaligen Schüler eine Skizze des Flugzeugs mit Anmerkungen über den Antrieb und die Lenkung sowie Flughöhen und Reichweiten.

Auf dem Weg nach Böhmen studiert er die Flugmaschine. Als er von dem Prager Fenstersturz erfährt, den die Hinausgeworfenen zwar überlebten, und der dennoch zum großen Krieg führen sollte, sagt er nur trocken: „Böhmische Toren, sie können nicht einmal ihre Statthalter richtig über die Klinge springen lassen."

1619 stirbt der deutsche Kaiser Matthias, und Ferdinand II. wird sein Nachfolger. Das Kriegsgeschehen ist im Gange, Wallenstein erhält die Obristenbestallung und ist für die Militärverwaltung in Böhmen verantwortlich. Das Gehalt ist hoch, aber für einen reichen Mann wie Wallenstein ein Zubrot.

Er baut eine schlagkräftige Truppe auf. Es herrscht härteste Disziplin, so wie in seiner Privatarmee. Wer nicht spurt, hat nichts zu lachen. Als ein Oberstwachtmeister sich ihm widersetzt, reißt Wallenstein den Degen heraus und stößt ihn dem Unglücklichen durch den Leib.

Auch in der Geldbeschaffung ist er nicht kleinlich. Er weiß, daß die mährischen Stände ihr Geld im Rentenamt deponiert haben. Als er mit seinen Truppen nach Olmütz kommt, dringt er in das Zimmer des Verwalters ein, der schon im Bett liegt, und drückt ihm die Degenspitze auf die Brust: „Du Schelm, wieviel Geld hast du in der Cassa oder ich will dich strecken, dich erwürgen lassen, die Schlüssel her oder du hängst!"

Wallenstein erbeutet 90.000 Gulden, dazu eine Menge Kriegsmaterial und macht sich mit seiner Truppe aus dem Staub. Der Raub des Geldes wird dem „Cavalier" übelgenommen, aber ihm ist das einerlei.

Wallenstein führt Attacke auf Attacke. Zu seinen gut ausgerüsteten

Mannschaften und Reitern kommt bald noch eine schlagkräftige Artillerie. Wallenstein finanziert dies alles, und bald schuldet ihm der Kaiser 80.000 Gulden. Sein Aufstieg geht stetig voran. Er wird Mitglied im Hofkriegsrat in Wien. Die Schuld des Kaisers wächst auf 195.000 Gulden. Wallenstein steigt zum Herzog von Friedland und zum General auf.

Er kauft umfangreiche Ländereien. Durch die Erbschaft, die ihm nach dem Tod seiner reichen Frau zufällt, ist er einer der vermögendsten Männer seiner Zeit.

Wallenstein erscheint als ein Günstling des Schicksals, ein Abenteurer, ein Beutemacher und Draufgänger.

Die Furie des Konfessionskriegs wütet nun in Europa. Da kommt die große Stunde Wallensteins. Er erinnert sich an die Flugzeuge. In einer abendlichen Runde zeigt er seinen Offizieren die Darstellung des Flugzeugtyps, die er von seinem Professor erhalten hatte. Monatelang hatte er über den Einsatz dieser Himmelsvögel nachgedacht. Nun, da der Krieg immer furchtbarer wird, will er mit den Flugzeugen den Frieden erzwingen.

Er erklärt den Offizieren sein Vorhaben. Sie werden unter Androhung härtester Strafe zum Stillschweigen verpflichtet. Nicht einmal der Kaiser in Wien darf vorerst davon wissen. Drei der tüchtigsten Getreuen Wallensteins reisen nach Padua zum Ankauf zahlreicher Maschinen. Die Finanzierung ist für den Krösus aus Böhmen kein Problem.

Ein halbes Jahr später wird auf dem Flugplatz in der Nähe von Gitschin die geheime Luftarmada zusammengezogen. Italienische Ausbilder unterweisen die von Wallenstein persönlich ausgesuchten Offiziere und Mannschaften. Damit nichts nach außen dringen kann, hat der Feldherr weiträumig Sicherheitskordons um das Gitschiner Gelände gelegt.

Die Übungsflüge werden in der Dämmerung durchgeführt. Die Flugpläne für den geplanten Großeinsatz erstellt Wallensteins Sternkundler Seni unter Mitwirkung von Ladislaus Wenzel. Der Erfolg seines Unternehmens liegt in den Sternen. Davon ist Wallenstein überzeugt.

1626 unternimmt er mit seinem besten Navigator und einem ausgezeichneten italienischen Flugzeugführer einen Flug nach Wien. Den Kaiser hat er auf sein Erscheinen aus der Luft aufmerksam machen lassen.

Der Hofstaat ist mit dem Feldherrn Tilly zur Begrüßung erschienen, und nach der Landung wird Wallenstein mit großem Jubel empfangen.

Übungsflüge in der Dämmerung

Ferdinand hält mit seinen beiden Feldherrn Kriegsrat in Schönbrunn. Bereits am nächsten Tag fliegt Wallenstein mit allen Ermächtigungen wieder zurück.

Der 25. April 1626 ist der Tag, an dem Wallenstein mit seinen Truppen und der Unterstützung seiner Luftflotte die entscheidende Schlacht bei Dessau gegen den dänischen König führt. Ein Treppenwitz der Weltgeschichte, daß hier, nicht weit vom Schlachtfeld, im 20. Jahrhundert die große Flugzeugfabrik Junkers stehen wird.

Der grandiose Sieg Wallensteins bringt sogar den sonst etwas phlegmatischen Ferdinand in Wien zum Jubeln.

So geht der auf 30 Jahre angelegte Krieg durch den Einsatz von Flugzeugen vorzeitig zu Ende. Danach verkauft Wallenstein, der große Geschäftsmann, einen Teil seiner Luftflotte an Ferdinand. Dieser schickt damit seine Gesandten an alle Höfe Europas, und bald findet eine große Friedenskonferenz statt – in Wien und nicht in Westfalen. Der Flughafen Münster-Osnabrück war noch nicht soweit.

König Gustav Adolf, der schwedische König und Protestant, einigt sich mit Ferdinand, dem Kaiser und Katholiken. Er fällt nicht 1632 in der Schlacht bei Lützen, sondern übergibt Königin Christiana den Thron und züchtet bis zu seinem Tod Pferde.

Auch der Sieger der Schlacht am Weißen Berg, der Großheerführer Jan Tserclaes Graf von Tilly, ein eifriger Kirchgänger, stirbt friedlich auf seinem Schloß.

Und der General Wallenstein? Er wird nicht in Eger ermordet. Seine ganze Liebe gehört bis ins hohe Alter der Fliegerei. Er schart Ingenieure um sich und tüftelt an der Weiterentwicklung seiner Flugzeuge. Er stirbt den „Strohtod", wie seinen alten Kameraden etwas abfällig bemerken.

Großer Jubel in Wien

Die Täuschung

Auf dem Arbeitstisch liegt eine kleine Rötelzeichnung. Immer wieder betrachtet Heinrich das Bild. Anna Boleyn hat ein kluges, ovales Gesicht, eingerahmt von schwarzen Haaren mit lebhaften, durchdringenden Augen. Er vergleicht die 19jährige mit seiner Frau Katharina von Aragon, von der er sich bald trennen wird. Sie ist 41, er 35 Jahre alt. Im Gegensatz zu den sprühenden Augen Annas hat sie wäßrige, blaue Augen, blonde Haare und tiefe Falten, die das Schicksal in ihr Gesicht gegraben hat. Eine kranke und verbitterte Matrone.

Es klopft. Ein Offizier der königlichen Fluggesellschaft tritt ein. „Sire, ich soll ein Schreiben abholen?" Der König nickt und befiehlt dem Offizier, im Vorraum zu warten, bis er ihn ruft.

Heinrich schreibt die letzten Worte und liest alles noch einmal durch:

„Die Vorfreude des Tages, auf den ich solange gewartet habe, macht mir schon das Heute zum Freudentag. Und doch kann es wahres Glück erst geben, wenn Liebende vereinigt sind – ein Glück, das mir mehr bedeutet als alle Güter auf Erden, zumal ich glauben darf, daß auch Du, die ich liebe, unsere Wiedervereinigung ersehnst! Ich bitte Dich daher, den Grafen, Deinen Vater zu ersuchen, daß er die Zeit bis zu Deiner Rückkehr an den Hof verkürze, in jedem Fall aber, daß er nicht später mit Dir eintreffe als an dem vereinbarten Tag, da ich sonst zweifeln würde, ob er Liebenden zu dienen bereit ist, wie er versprach und ich von ihm erwarte. Genug für jetzt; bald hoffe ich, Dir von Angesicht zu Angesicht sagen zu können, wie unerträglich schmerzlich Dein Fernsein war. Geschrieben mit der Hand dessen, der bei Dir allein sein möchte, und der der Deine ist, treu und unverbrüchlich." Er nimmt die Feder und zeichnet ein Herz. Daneben setzt er ein H. und in das Herz A.B., darunter „Keine andere ersehnt. R."

Er ruft den Offizier.

„Fliege er das Schreiben nach Kent. Es eilt. Und bringe er mir mit der nächsten Maschine Madame nach London."

Anna Boleyn trifft ein. Der Hof tuschelt bereits. Das Gerücht von der neuen Gemahlin Heinrich VIII. geht von Mund zu Mund. Anna ist jung, neugierig und temperamentvoll. Katharina dagegen hat immer nur Schwierigkeiten mit sich und Heinrich. Er verstößt sie. Nach großen Schwierigkeiten wird die Scheidung von Katharina von Aragon durchgesetzt. Dabei benutzt Heinrich Tricks und Schliche, über die Europa besorgt ist. Das Volk ist darüber nicht glücklich, wohl aber Anna, die kräftig am Sturz ihrer Vorgängerin mitarbeitet.

Am Tag der Hochzeit läßt Heinrich seine Braut mit seinem schönsten Flugzeug aus Kent abholen. Eine weiße Maschine mit seinen Insignien am Heck. Auf dem Flugplatz des Tower erwartet sie der große, starke Heinrich. Während er sie heftig umarmt, fliegen über ihnen einige Staffeln der „Kings Air", die den Himmel mit farbigen Kondensstreifen verfärben. Dazu hallt der Ehrensalut über die Stadt. Später jubelt ihnen das Volk aus den vielen Booten auf der Themse zu. Es gibt aber auch einige, die dem Schauspiel nachdenklich zusehen.

Am nächsten Tag geleitet ein prunkvoller Zug von Höflingen das Paar nach Westminster zur Krönung Anna Boleyns. Unter dem am Rande stehenden Publikum gibt es Menschen mit haßerfüllten Blicken auf die Neue. Als aber auch diesmal wieder Flugzeuge des Königs über die Köpfe der Untertanen brausen, kennt der Jubel bei den meisten Zuschauern keine Grenzen. Die Krönung gehört unter den Festlichkeiten zu den prunkvollsten Veranstaltungen. Die neue Königin erhält eine eigene Fluglinie, die „Queen Anna Air".

Heinrich wartet auf einen Erben. Als es dann soweit ist, kommt seine Tochter Elisabeth auf die Welt. Kein Knabe, er ist enttäuscht. Die Gegner Annas frohlocken. Heinrich, der immer noch Verliebte, versichert ihr: „Ich würde eher von Haus zu Haus betteln gehen, als Dich zu verlassen."

Wenn er Zeit hat, fliegt er mit Anna in seinem weißen königlichen Flugzeug und zeigt ihr die Schönheiten des Landes. Er überhäuft sie mit Geschenken. Sie turteln wie in alten Tagen. Anna wird wieder schwanger, Heinrich ist überglücklich. Monate später, auf einer Flugreise über die Midlands, muß sie ihm gestehen, daß sie kein Kind bekommen würde. Wieder ist Heinrich enttäuscht.

In dieser Situation kommt Heinrich in Schwierigkeiten. Er hat Ärger mit dem Papst und mit seinen Politikern. Menschen, die sich weigern, ihn als Oberhaupt der Kirche anzuerkennen, werden kurzerhand einen Kopf kürzer gemacht. Blut fließt in Strömen. Heinrich frißt und wird immer dicker. Trotzdem, der größte Teil des Volkes liebt seinen feisten König mit dem runden Gesicht und den strahlenden Augen. Und er liebt seine Anna mit all seiner derben Sinnlichkeit. Katharina von Aragon stirbt. Anna freut sich darüber, denn nun ist sie die Konkurrentin endgültig los. Zum Erstaunen des Hofes tragen Heinrich und sie Kleidung in fröhlich heiterem Gelb.

Hochzeitsstaffel

Auf einem Ausritt fällt der König vom Pferd. Anna erhält die Nachricht, er sei tot, was sich glücklicherweise aber nicht bestätigt. Sie ist hochschwanger und diese Aufregung hat ihr so zugesetzt, daß sie einen toten Knaben zur Welt bringt. Wieder kein Thronfolger.

Nun wendet sich Heinrich einer anderen, jüngeren Dame zu. Dem Hof bleibt das nicht verborgen. Annas Gegner stehen in den Startlöchern. Besonders Cromwell, der die Königin nicht mag, sieht seine Stunde gekommen.

Am Hof lebt Markus Smeaton, dessen Begabung als Musiker und Tänzer Anna und Heinrich sehr schätzen. Diesem lockeren Kerl könnte man was anhängen, denkt Cromwell. Diese verdächtigen Blicke, die er mit der Königin gewechselt hat. Cromwell läßt ihn foltern und erreicht ein Geständnis. Dies wird dem König gemeldet. Heinrich schäumt, denn er liebt Anna immer noch inbrünstig. „Was war mit Smeaton?", fragt er vor ihr kniend. „Nichts, ich liebe nur Dich."

Sie umarmt ihren Heinrich und eine lange Liebesnacht beginnt.

Trotzdem, Annas Gegner lassen nicht locker. Sie hassen die Königin und wollen sie auf dem Schafott sehen.

Heinrich kommt in Bedrängnis, doch er hat eine Idee. Ein Vertrauter wird beauftragt, aus dem Volk eine Frau auszusuchen, die Anna ähnlich sieht. Das gelingt. Nachdem das Gericht das Todesurteil über Anna gefällt hat, werden die beiden Frauen ausgetauscht. Die Unglückliche aus dem Volk ist taubstumm. Das erleichtert die Prozedur am Richtblock. Die glückliche Anna dagegen wird mit einem Flugzeug ihrer „Queen Anna Air" nach den Hebriden geflogen. Hier in Schottland hat der König ein Schlößchen herrichten lassen, mitten in einer Landschaft voller Schönheit und wunderbarer grüner Hügel. Ganz in der Nähe ist das Meer. Anna ist gerettet.

So wie es seine Zeit erlaubt, fliegt der König zu ihr, obwohl er nun in dritter Ehe mit der jüngeren Johanna Seymour verheiratet ist. Anna hält sich einen jungen Schäfer zur Überbrückung der königsfreien Zeit.

Johanna Seymour stirbt an der Geburt eines Kindes und schon ist die vierte Dame zur Stelle, wieder eine Anna, Anna von Clewe.

Sie hatte bisher als Stewardeß gearbeitet und so den König kennengelernt. Auch in dieser Ehe unterbricht Heinrich seine Flüge nach Schottland nicht. Nach kurzem wird die Ehe für nichtig erklärt, und Anna erhält eine Abfindung.

Katharina Howard, die Nummer fünf, erscheint auf der Bildfläche. Wieder beginnt das Gegurre und Geturtel. „Kathi" und Heinrich befinden sich im siebten Himmel der Liebe. Aber wieder gibt es Gegner. Es wird kräftig intrigiert und die Geschichte wiederholt sich. Das Schafott wartet auf die Königin. Der König greift zur erprobten List. Der Kopf einer anderen fällt, und Katharina wird zu Anna ins grüne Exil geflogen. Beide Damen freunden sich an und Old Heinrich, der Unverwüstliche, fliegt nun zu seinem Harem. Zwar plagt ihn gewaltig die Gicht, aber die beiden Damen freuen sich über seine Besuche und verwöhnen ihn.

Katharina Parr, seine sechste und letzte Frau, wird seine Krankenschwester, verbietet ihm die Flüge und pflegt ihn bis zu seinem Tod.

Schottisches Serail

Königlicher Ikarus

„Vite!, vite!", drängt der Chef der brandenburgischen Postfliegerei seinen Gast. Dieser kommt nach einer rasenden Kutschfahrt im letzten Moment zum Abflug. Voltaire rennt über den Platz und wäre beinahe gestürzt. Atemlos besteigt er über eine Leiter die Maschine. Seine mageren Hände zittern.

Im Halbdunkel bemerkt er Säcke, Kisten und Kästen. Der Flugkapitän mit dem brandenburgischen Adler an der Uniform begrüßt ihn freundlich und bittet ihn zu sich ins Cockpit. Der Philosoph nimmt erschöpft in einem Sessel Platz und wird angeschnallt. Die fluchtartige Abreise aus Potsdam hat ihn mächtig mitgenommen.

„Monsieur Voltaire, wir starten!" Und schon dröhnt der Propeller. Große Angst befällt den dürren Mann. Die Maschine hebt ab. Aus dem Fenster sieht Voltaire noch einmal, zum letzten Mal in seinem Leben, Potsdam und Sanssouci. Müde sinkt er in den Sessel, und wie in einem Film laufen Episoden seines Lebens vor seinen Augen ab.

Der preußische Kronprinz. Für ihn hatte er sich schon früh interessiert und ab 1736 einen intensiven Briefwechsel mit ihm begonnen. Als Friedrich dann König von Preußen geworden war, drängte er ihn, nach Potsdam zu kommen. Aber bis dahin sollten noch Jahre vergehen.

Erst einmal floh Voltaire für 15 Jahre auf das Schloß Cirey in der Champagne, weil er in Paris wegen seiner Schriften verfolgt wurde. Hier lebte seine verheiratete Geliebte, die Marquise du Chatelet. Sie war eine vielseitige Frau: Auf der einen Seite liebt sie Schmuck, Mode und das Glücksspiel. Auf der anderen Seite war sie Mathematikerin, Naturwissenschaftlerin und der Philosophie zugetan. Auch bewunderte sie Newton und übersetzte seine „Principia mathematica" ins Französische.

Ihn, den Spötter mit der Spitznase, liebte sie, und das nicht nur wegen seiner Schriften.

Ihr Ehemann und Schloßherr, der Marquis du Chatelet, tolerierte großmütig das Verhältnis. So mußte der verfolgte Literat nur seine Feinde in Paris fürchten. Was wäre gewesen, wenn sie ihn gefunden und angezeigt hätten?

Schuld an allem war seine Veröffentlichung „Philosophische Briefe", in der sich der französische Hof angegriffen glaubte. Er hatte bereits früher Bekanntschaft mit der Justiz gemacht und zweimal in der Bastille gesessen. Flöhe und schlechtes Essen waren ihm noch sehr gegenwärtig.

Auch Madame konnte die Aufhebung des Haftbefehls gegen Voltaire nicht erreichen, aber durch ihre Beziehungen ließen die Behörden ihn in Ruhe. Als vermögender Hausfreund machte er sich gemeinsam mit der Marquise daran, das verwahrloste Schloß luxuriös auszustatten.

Stolz nannte er sich Spekulant, Fabrikant und Grundbesitzer und bekannte sich zu seinem Credo: „Ich liebe den Luxus, ja selbst die Verweichlichung, alle Vergnügungen und Künste, die Sauberkeit, den guten Geschmack." Eine Galerie wurde im Schloß gebaut und er ließ Tausende von Büchern nach Cirey kommen. Madame und er lasen, studierten und führten gemeinsame physikalische Experimente durch.

Sie beschäftigten sich mit Leonardo da Vinci und seinen Skizzen der Flugapparate. Seine Geliebte war begeistert von der Fliegerei. „Ja, Fliegen, das ist ja nicht mehr nur ein Traum", sagte Emilie und erzählte ihm von ihren eigenen Flügen. Sie schwärmte von dem Blick aus großer Höhe über Stadt und Land.

Der Lärm der Propeller weckt Voltaire aus seinen Tagträumen. Erst jetzt, beim Blick aus dem Fenster, versteht er die Begeisterung von Madame du Chatelet. Doch bald versinkt er erneut in seinen Lebenstraum.

1749 verstarb Emilie. Seinem Freund teilte er erschüttert mit: „Ich habe nicht nur den Verlust einer Geliebten erlitten. Ich habe die Hälfte von meinem Selbst verloren, einen Geist, der meinen vollendet ergänzt."

Er verließ den trauernden Ehemann und das Schloß Cirey. Wenige Monate später war er Gast des Königs von Preußen. In Paris spottete man: „Voltaire, der Preuße, un sou!" Am Hof Ludwig XV. hatte sich keiner bemüht, ihn zurückzuhalten. Es hieß, er könne zu Fritzen nach Preußen gehen, wenn er wolle. Versailles zeigte ihm, dem berühmten Denker, die kalte Schulter.

Friedrich II. aber empfing ihn als König des Geistes. Schon in der Einladung schrieb der Monarch: „Berlin werde Athen! Wenn es imstande ist, Herrn von Voltaire an sich zu ziehen, so wird es unfehlbar eine der berühmtesten Städte Europas werden. Verlassen Sie Ihr undankbares Vaterland und kommen Sie in ein Land, wo man Sie verehren wird. Möge Ihr Genie einst in dem neuen Athen seine Belohner finden."

Fliegen ist ja nicht mehr nur ein Traum

Der Philosoph von Sanssouci überschüttete den Philosophen aus Frankreich mit allen Ehren, Orden, einer Pension, dem goldenen Schlüssel der Kammerherren und viel Geld.

Friedrich erfreute sich an ihm, dem Gesprächigsten und Geistreichsten seiner Tafelrunden.

Seiner Nichte schrieb Voltaire nach Paris: „Mein Geschäft ist, nichts zu tun. Ich genieße meine Muße. Eine Stunde des Tages widme ich dem König, um seine Werke in Prosa und Versen ein wenig abzurunden; ich bin sein Grammatiker, nicht sein Kammerherr. Den Rest des Tages habe ich für mich, und der Abend schließt mit einem angenehmen Souper."

Wie immer hatte er mit der Schilderung seines Müßiggangs ein bißchen übertrieben, denn er vollendete in Potsdam ein Werk, das ihn seit anderthalb Jahrzehnten beschäftigte, „Das Jahrhundert Ludwig XIV." Mit einem Vorabdruck in Paris hatte er schon Ärger mit der Zensur bekommen. Vor allem ein Satz brachte ihn in Schwierigkeiten: „Das Endergebnis aller dieser Kriegszüge zu Lande und zu Wasser war allgemeines Elend."

Der Kriegsgott Mars war auch ein Thema, über das er sich mit seinem preußischen Gönner des öfteren unterhielt. Friedrich und er schwärmten dabei von der Möglichkeit der Fliegerei. Sie waren der Meinung, durch Luftkriege ginge alles besser und man stärke auch noch die Zulieferindustrie.

Seinen nächsten Krieg, den „Siebenjährigen", hatte dann auch der Alte Fritz durch den Einsatz seiner Luftflotte auf drei Jahre verkürzt. Eines Tages fiel Voltaire auch in Potsdam in Ungnade. Er hatte sich in die Angelegenheiten des Königs eingemischt und in Preußen verbotene Spekulationsgeschäfte auch in Verbindung mit Luftfahrtlizenzen betrieben.

Es kam zu einem skandalösen Prozeß mit dem Juwelenhändler und preußischen Schutzjuden Abraham Hirschel. Der König schäumte vor Wut. An seine Schwester Wilhelmine schrieb er: „Wie ich höre, wollen sich hier zwei Gauner gegenseitig hereinlegen. Schade, daß der Geist so wenig die Sitten beeinflußt, und daß ein Mann, der sich in der Schriftstellerwelt einen solchen Namen gemacht hat, in seinem Charakter so verächtlich ist."

Ihm, dem Gast, gab der König mit großer Enttäuschung zu verstehen, daß er seinen Geist, seine Talente und Kenntnisse schätze, aber

Der „Siebenjährige" dauerte nur drei Jahre

nicht sein krämerhaftes Verhalten. Seine Leidenschaft für Intrigen und Kabalen seien ihm zuwider.

Voltaire lenkte ein, der König verzieh, und bald saßen beide wieder zusammen an einer Tafel. Religion, Kunst und Wissenschaft, Industrie und Technik beschäftigten sie in ihren Gesprächen. Voltaires Interesse für die Fliegerei wurde immer stärker. Oft beobachtete er mit dem König die Übungsflüge der Maschinen auf dem Flugplatz und hörte aufmerksam zu, wie Friedrich seinen Offizieren die Taktik von Flugeinsätzen erklärte.

Das vielseitige Interesse des Königs hatte ihn immer wieder erstaunt und ihn zu einem Poem inspiriert, das er ihm mit der Widmung „Meinem königlichen Ikarus" übergab:

„Ein großer Herrscher bis zur Mittagspause,
am Nachmittag Schriftsteller ersten Ranges,
tagsüber Philosoph voll edlen Dranges
und abends göttlich bei der Tafelrunde."

Aber bald fand das idyllische Zusammensein wieder ein Ende. Erneut hatte der Dichter sich eingemischt, diesmal in Akademieangelegenheiten. Mit einer Schmähschrift auf den Präsidenten der preußischen Akademie der Wissenschaften, den Franzosen de Maupertuis, verärgerte er den König. Ganz Europa hat belustigt den Streit beobachtet. Voltaire mußte zusehen, wie Friedrich auf verschiedenen Plätzen der Residenz seine Schriften verbrennen ließ und noch immer hörte er den Satz: „Wenn ihre Werke verdienen, daß man ihnen Statuen erreichtet, so verdient ihr Betragen, daß man sie an Ketten legt."

Empört schrieb er seiner Nichte nach Paris: „Nun will ich mir ein kleines Wörterbuch für den König anlegen. Mein Freund bedeutet mein Sklave. Mein lieber Freund heißt: Sie sind mir mehr als gleichgültig. Unter der Phrase: Ich werde sie glücklich machen, ist zu verstehen: Ich werde sie bei mir dulden, so lange ich sie brauchen kann! Soupieren sie heute Abend mit mir, bedeutet nur, ich will sie heute Abend verhöhnen."

Trotzdem bat er um Versöhnung und ließ dem König die Zeilen zukommen: „Sie sind so gut, Sie sind so nachsichtig, und ich bin der unglückseligste Mensch in Ihrem Staate. Befehlen Sie über mein Schicksal."

Der König aber war der Streitereien überdrüssig und entließ ihn, sein ehemaliges Idol, aus seinen Diensten.

Nun wollte auch Voltaire so schnell wie möglich abreisen und schob seine angegriffene Gesundheit vor. Er wurde gebeten, zuvor seinen Kammerherrenschlüssel, den Orden und den Band mit des Königs Gedichten zurückgeben.

Dieser Gedichtband „Oeuvres du Philosophe de Sanssouci", den der König so unbedingt zurückverlangt hatte, liegt nun mit den anderen Sachen im Hinterraum des Flugzeugs. In weiser Voraussicht hatte er alles in eine Kiste gepackt und diese ein paar Tage vor seiner Abreise aus Preußen seinem Freund, dem Piloten des Postflugzeuges, übergeben. Alles befindet sich jetzt mit ihm auf dem Flug nach Paris. Voltaire wacht auf und lächelt zufrieden.

„Wann landen wir in Paris, Kapitän?", fragt er voller Erwartung.

„Das dauert noch. Zuerst legen wir einen Zwischenstop auf dem neuen Flughafen der Freien Reichsstadt Frankfurt am Main ein." Voltaire ist so erschrocken, daß er sich nicht nach dem Grund der Reiseunterbrechung erkundigt. Er weiß, daß der Arm des Königs bis Frankfurt reicht und hat Angst, von den Häschern Friedrichs mitsamt seinem Gepäck in Haft genommen zu werden.

Der Flugkapitän, der gesehen hat, wie bleich der Philosoph wurde, beruhigt ihn. „Bei einer Kontrolle fällt mir schon etwas ein", verspricht er.

Voltaire zittert vor Aufregung.

Die Maschine setzt zur Landung an. Beim Ausrollen entdeckt der Flugkapitän den preußischen Offizier Freytag mit seinen Milizsoldaten auf dem Rollfeld. Schnell, noch ehe die Bordtür geöffnet wird, versteckt er seinen zitternden Gast hinter den Postsäcken. Die Leiter wird an das Flugzeug geschoben. Freytag betritt die Maschine mit zackigem Gruß.

„Befindet sich hier an Bord ein Monsieur Voltaire, ehemaliger Kammerherr des Königs von Preußen?", fragt er in militärischem Ton. „Ich habe nur Säcke an Bord", antwortet der Kapitän kopfschüttelnd. „So, so, nur Säcke", zweifelt der Offizier und stochert mit seinem Degen ein wenig unter den Sitzen herum.

Nach kurzem aber gibt er sich zufrieden und verläßt die Maschine. Die Milizsoldaten salutieren, und dem Weiterflug steht nichts mehr im Wege.

Erleichtert kommt Voltaire aus seinem Versteck hervor. „Als Sack bin ich noch nie bezeichnet worden", stellt er mit schallendem Lachen fest. „Und das alles wegen ein paar Gedichten!" Dem Kapitän erklärt er nun,

Wann landen wir in Paris?

daß der König verhindern wollte, daß seine poetischen Versuche im Ausland bekannt würden.

„Obwohl ich ein wenig daran mitgearbeitet habe", fügt er hinzu. Der König habe Bedenken, daß seine Schriften höheren Ansprüchen nicht genügen könnten

Nach dieser Staatsaffäre beobachtet Voltaire erleichtert und zufrieden den vorbeiziehenden Himmel. Bald wird die Maschine in Paris landen. „Ihnen und Leonardo sei Dank!", verabschiedet er sich vergnügt vom Flugkapitän.

Frankreich hat seinen Philosophen wieder.

Später sollen Friedrich II. und Voltaire ihren Briefwechsel erneut aufnehmen. Einmal schreibt der Monarch: „Hätten Sie es nicht mit einem Narren zu tun gehabt, der in Ihr schönes Genie verliebt war, bei keinem anderen hätten Sie sich so leicht aus der Affäre ziehen können."

Der König kann nicht wissen, wie sehr Voltaire hinter den Postsäcken gelitten hatte.

El Kabib

Seine Generäle und Marschälle hatten Napoleon immer wieder gedrängt, die Fliegerei militärisch zu nutzen. Jedesmal aber hörten sie ein entschiedenes „Non, messieurs!"

Für den Kaiser der Franzosen gab es nur die Infanterie, die Kavallerie, seine Garde und vor allem die Artillerie. Den Kanonen gehörte seine ganze Liebe. Wie stolz war der kleine Korse, als er Artillerieoffizier geworden war.

In der Schulzeit hatten die Lehrer ihn für einen Dummkopf gehalten. Sprachen lagen ihm nicht. Auch fiel er durch seine abenteuerliche Orthographie auf. Aber in Mathematik war er ein As. Seine große Leidenschaft war das Lesen. Er verschlang Plato, die Verfassungen der Perser, Athener und Spartaner. Er las die englische Geschichte und alles über die Feldzüge Friedrich II. Hier erfuhr er zum ersten Mal vom Einsatz der Fliegerei im Siebenjährigen Krieg. Trotzdem hielt er das Fliegen nur für Zivilisten nützlich, aber nicht für heldenhafte Krieger, die er mit den markigen Worten beschrieb: „Sie sterben ruhmvoll vor dem Feind und leiden nicht einen Augenblick. Welcher vernünftige Mann würde sie nicht um einen solchen Tod beneiden?" Damit verglich der Kaiser verächtlich ein abgeschossenes Flugzeug und den Schrotthaufen, der davon übrig blieb. Noch ahnte er nicht, daß er die Weltgeschichte in einem Flugzeug verlassen sollte.

April 1814. Die großen Siege und Niederlagen liegen hinter Napoleon. Der Rußlandfeldzug und die Völkerschlacht bei Leipzig haben tiefe Wunden geschlagen. Der Zar und der König von Preußen befinden sich mit den alliierten Truppen kurz vor Paris. Vergeblich haben die Marschälle Mortier und Marmont versucht, die Metropole zu verteidigen. Der Kriegsminister Clarke hat sich geweigert, die 20.000 nagelneuen, im Arsenal lagernden Gewehre dem letzten Aufgebot zu übergeben. Als die Alliierten auf den Höhen von Montmartre stehen, gibt König Joseph, ein Bruder Napoleons, den Marschällen den Befehl, die Verteidigung zu beenden.

In den Tuillerien herrscht große Aufregung bei den Ministern, Generälen und der Kaiserin. Nur einer fehlt, der Kaiser. Talleyrand schlägt vor, die Kaiserin solle die Regentschaft übernehmen. Die Ereignisse überschlagen sich, während Napoleon mit seinen Getreuen, der alten Garde, nach Fontainebleau reitet. Hier erst erfährt er von der Kapitulation.

Schweigend nimmt der Kaiser seinen Hut vom Kopf, wischt sich den Schweiß ab und ruft zornig aus: „General Belliard, wir müssen nach Paris zurück!"

Mit leiser Stimme bedauert dieser: „Sire, es sind keine Truppen mehr da."

„Das macht nichts", herrscht ihn der Kaiser an. „Ich werde die Nationalgarde finden und meine Mannen sammeln."

Der General malt ihm das trostlose Bild aus, wenn er, der Kaiser, gefangengenommen werde. Jetzt ahnt Napoleon die Aussichtslosigkeit seiner Lage. Trotzdem will er das Ruder noch einmal herumreißen. Nach einer unruhigen Nacht versammelt er seine letzten Getreuen auf dem großen Hof vor dem Schloß. Er läßt sie schwören, gegen Paris zu marschieren und den Gegner zu schlagen. Betroffen sehen sich die alten Recken an.

Kurz darauf erhält er die Nachricht, daß zwei seiner Marschälle, die mit ihren Truppen bei Yvonne liegen, den Marschbefehl verweigern. Nun drängt Marschall Ney den Kaiser zur Abdankung. Napoleon erstarrt. Ein paar Minuten später faßt er sich und sucht nach einem Ausweg. Sein Sohn könnte die Nachfolge antreten. Er schreibt seine Abdankung:

„Da die verbündeten Mächte in ihren Proklamationen ausgesprochen haben, daß Kaiser Napoleon das einzige Hindernis für die Wiederherstellung des Friedens in Europa sei, erklärt Kaiser Napoleon – treu dem Eid, den er geleistet hat – sich hierdurch bereit, den Thron, Frankreich, ja sogar das Leben für das Wohl des Vaterlandes aufzugeben, ohne daß jedoch hierdurch die Rechte seines Sohnes, die Regentschaft der Kaiserin oder die Gesetze des Kaisertums angetastet werden."

Schrieb's und kündigt seinem Marschall Macdonald an, daß er am folgenden Tag angreifen werde. Zu dieser Zeit ist das Abdankungsdokument bereits auf dem Weg nach Paris.

Napoleon erhält Besuch. Ein Mann mit hochgeschlagenem Kragen tritt in sein Arbeitszimmer.

„Sire, darf ich Sie sprechen, es ist dringend?" Es ist Henri Dupront, der Leiter der kaiserlichen Fluglinie „L'Aiglon". Schon immer hatte er versucht, den Kaiser für die Fliegerei zu interessieren. Aber auch er hatte immer wieder die Antwort „Non, monsieur" erhalten.

„Nun, Dupront, was gibt es so dringend?", fragt ihn Napoleon neugierig. Der Chef der Fliegerei berichtet über die hoffnungslose Lage in Paris, und daß er in Erfahrung gebracht habe, daß die Alliierten den Kaiser verbannen wollen.

„Dazu müssen sie mich erst mal haben", lacht dieser.

„Das kann ich als Kaisertreuer nicht zulassen", ereifert sich Dupront.

„Und was wollen Sie tun?"

„Diese schmachvolle Behandlung kann nur durch die Fliegerei verhindert werden."

Und nun gesteht er dem Kaiser, daß er es schon immer bedauert habe, daß dieser nur auf seine Infanterie, Kavallerie und Artillerie geschworen habe.

„Sire, Sie hätten Rußland mit Aufklärungsflugzeugen überfliegen können und dabei die Brandvorbereitungen in Moskau entdecken. Außerdem hätten die Bombergeschwader die Russen vernichtend geschlagen. Auch bei Leipzig hätten Sie siegen können."

Der Kaiser sinkt in seinem Stuhl zusammen und Dupront wird Zeuge seiner Erkenntnis, wie falsch sein „non" zur Fliegerei war.

„Und was haben Sie für eine Idee?", fragt der Kaiser gedankenverloren. „Eine großartige", versichert Dupront.

Voller Spannung hört Napoleon dem Plan Duponts zu. Dieser sieht vor, daß er nach der Verabschiedung seiner Garde mit einer hinter dem Schloß bereitgestellten Kutsche zum Privatflugplatz Duponts gebracht wird.

„Und wo wollen Sie mich hinfliegen?", fragt Napoleon unruhig.

„Nach Ägypten!"

Der Kaiser denkt einen Augenblick nach, dann ist er begeistert. Nur der Verbannung auf eine Insel entgehen, denkt er und malt sich die enttäuschten Gesichter der Könige aus. Er lacht schallend. „Sie werden keinen Kaiser gefangennehmen, sondern nur ihren blöden Ludwig wiederkriegen, dieses fette Schwein."

Anerkennend schlägt Napoleon seinem Rettungsflieger auf die Schulter. Mit einem Glas Rotwein wird der Schlachtplan besiegelt.

Der Kaiser geht zu Bett. Er findet keinen Schlaf. In seinem Reisenecessaire aus dem Rußlandfeldzug ist noch ein Gemisch aus Opium, Belladonna und weißem Nieswurz. Sein Arzt hatte es ihm für alle Fälle zusammengestellt. Er holt das Säckchen mit der tödlichen Droge hervor. Einen Augenblick lang gerät er in Versuchung, dann setzt er sich mit einem Ruck auf: „Nein, ein gewaltsamer Tod ist Feigheit. Ich sehe keine Größe darin, wegzulaufen wie einer, der sein Geld im Spiel verlor. Der Selbstmord verträgt sich weder mit meinen Grundsätzen noch mit meiner Stellung, die ich in der Welt einnahm."

Er legt sich wieder schlafen, und im Traum erscheinen ihm die Pyramiden. Am nächsten Tag erwacht er müde und mit tiefen Schatten um die Augen. Er rasiert sich, macht sich frisch und zieht seine Uniform an. Ein Blick in den Spiegel: Voilà, der Kaiser!

Im Schloßhof hört er ein Gemurmel. Aus dem Fenster sieht er, daß seine Getreuen bereits im Schloßhof angetreten sind. Es ist ein kalter Tag. Die Gardisten tragen dunkelblaue Uniformen mit scharlachroten Aufschlägen, weißen Riemen und schwarze Bärenfellmützen mit roten Pompons.

Als er auf der Treppe des Schlosses erscheint, erklingt dumpfer Trommelwirbel. Ein General meldet die zum letzten Appell angetretenen Soldaten. Dann erschallt aus rauhen Kehlen: „Vive l'empereur!" Der Kaiser ist gerührt.

Mit heiserer Stimme beginnt er: „Soldaten meiner alten Garde, ich nehme Abschied von Euch. 20 Jahre habt Ihr mich auf dem Wege der Ehre und des Ruhmes begleitet. In der letzten Zeit wart Ihr Muster von Tapferkeit und Treue, genau wie in den Jahren des Glücks." Dann erklärt er, warum er nicht weiterkämpft und beschreibt die Schrecken eines Bürgerkrieges.

„Ich gehe, Ihr Freunde, dient Frankreich auch ferner. Lebt wohl, meine Kinder! Euch alle möchte ich an mein Herz drücken." Festen Schrittes schreitet er die Treppe hinunter und ruft: „Laßt mich die Fahne küssen!" Mit großer theatralischer Geste küßt er das Fahnentuch. Dann drückt er jedem der Offiziere und Soldaten die Hand. Er kennt sie alle, die Gesichter aus den Schlachten. Arcole, Marengo, Austerlitz, Jena, Friedland, Wagram und Moskau.

Als er vor dem Offizier Sinuhe steht, den er aus Ägypten mitgebracht hatte, befiehlt er flüsternd: „Hinter dem Schloß einfinden. Wir fliegen an den Nil." Dann ein letztes Adieu an seine Soldaten.

Sinuhe versteht nicht, aber gehorcht. Kurz vor der Abfahrt erreicht er die Kutsche. Und nun erzählt ihm der Kaiser von dem bevorstehenden Flugabenteuer.

„Und Dich nehme ich mit wegen der Sprache."

Wir fliegen an den Nil

„Das ehrt mich, Majestät", antwortet Sinuhe erfreut. „Hätten Sie doch schon früher den Nutzen der Fliegerei erkannt." Der Kaiser nickt stumm.

Im Eiltempo geht es zu Duproņts Flugplatz. Die Maschine steht bereit und der Kaiser der Franzosen besteigt majestätisch das Flugzeug. Drinnen wartet schon Dupront. Er hat es sich nicht nehmen lassen, den Kaiser in das Land der Pharaonen zu begleiten. Von oben schaut Napoleon noch einmal auf Paris und ruft schadenfroh aus: „Ha, die werden Augen machen, Zar Alexander, der König von Preußen, die Österreicher und meine Verräter! Was werden sie wohl sagen, wenn sie nach Fontainebleau kommen und der Adler ist ausgeflogen? Keine ihrer für mich ausgesuchten Inseln wird mich je zu sehen bekommen! Mein Europa, das ich zusammenführen wollte, werden sie wieder in Kleinstaaten zerhacken, diese Krämerseelen, diese Schwachköpfe unter ihrem Oberhäuptling Metternich!"

Bei jeder Zwischenlandung läßt sich Napoleon die neuesten Zeitungen bringen. Die Überschriften, die das unerklärliche Verschwinden Napoleons melden, lassen ihn jedesmal in dröhnendes Lachen ausbrechen. Auch seine Begleiter freuen sich über die Verärgerung der Alliierten.

Eine Woche später landet die Maschine in der Nähe der Pyramiden. Napoleon liebt Ägypten. Hier hatte er als junger Mann große Schlachten geschlagen, hier war er der „Wüstenfuchs" gewesen. Nun ist er wieder da.

Nach einer sanften Landung und einem kurzen Ritt auf einem Kamel stellt Sinuhe den Kaiser seinen Verwandten vor. Sie besorgen ihm die Landestracht. Seine Uniform schenkt er Dupront. Die typische Stirnlocke hatte er sich schon im Flugzeug abgeschnitten. Napoleon nennt sich nun „El Kabib". Auf einem Kamel sitzend winkt der frischgebackene Ägypter dem am Horizont verschwindenden Flugzeug seines Freundes und Retters Dupront nach.

El Kabib wohnt in einem kleinen Dorf in der Nähe der Pyramiden und lernt nun von seinem Diener Sinuhe Ägyptisch und, mit großem Ekel, Englisch. Bald ist er einer der begehrtesten Fremdenführer. Zufrieden stellt er fest, daß die Einnahmen aus dem Tourismusgeschäft die aus den Eroberungsfeldzügen bei weitem überschreiten.

Seine Führungen schließen immer geschichtliche Exkurse ein, in denen er nie vergißt, den großen Napoleon zu erwähnen. Zufrieden mit ihm, geben die Fremden stets reichlich Bakschisch. Einmal sieht ihn ein

Ein frischgebackener Ägypter

Engländer lange durchdringend an. Dann stellt er fest: „Mr. Kabib, Sie ähneln jemandem, den ich von Kupferstichen kenne. Ich weiß aber nicht, wem". Er gibt ihm eine Münze.

„Ja, ja, sehr ähnlich, wer soll's denn sein?", denkt El Kabib schmunzelnd und wendet sich der nächsten Reisegruppe zu.

Der Zauberkünstler

Grigori Alexandrowitsch Potemkin war ein kleiner Gardeoffizier. Er hat es zum Reichsfürsten und politischen Berater von Katharina II. von Rußland gebracht. Die Kaiserin, die ihre Männer im Bett testet, hat ein besonderes Verhältnis zu Potemkin. Sie bezeichnet ihn als Ehegemahl oder ihren Gatten, obwohl es nicht bewiesen ist, daß sie ihn nach dem Tod ihres Angetrauten, Zar Peter III., wirklich geheiratet hat.

Ob mit Siegel oder nicht, täglich schreibt sie ihm Liebesbriefe. So antwortet sie einmal dem eifersüchtigen Grigori:

„Mein Herr und geliebter Ehegemahl, ich will zunächst auf das antworten, was mich am meisten berührt hat. Warum möchtest Du weinen? Warum möchtest Du lieber Deiner ungesunden Einbildung als den greifbaren Tatsachen, die alle nur die Worte Deiner Gattin bestätigen, Glauben schenken? Wurde sie nicht vor zwei Jahren durch heilige Bande mit Dir verbunden? Habe ich seitdem meine Einstellung Dir gegenüber geändert? Sollte es möglich sein, daß ich Dich nicht mehr liebe? Vertraue meinen Worten, ich liebe Dich."

Potemkin ist unter den Männern, die an Katharinas Hof eine Rolle spielen, einer, der sie zu fesseln versteht.

Als er das erste Mal zur Kaiserin in die Schlafgemächer kam, sah er vorher noch einmal in den großen venezianischen Spiegel. Er war 25, plump, hatte schwarzes Haar, braune Haut und nur noch ein Auge. Die leere Augenhöhle verdeckte er mit einer Klappe. Sein Körper war mächtig, breit und schwer. Trotz dieser Erscheinung hatte er Erfolg bei Frauen. Das einzige, blitzende Auge und sein blendendes Gebiß versetzten die Damen in Erregung, so auch Katharina. Sie liebte seinen starken Körper und seinen Geist. Er bezauberte sie und gab ihr, der reifen Frau, die Jugend wieder. Vor ihrer gemeinsamen Liebesnacht hatte Katharina ihren bisherigen Favoriten Wassiltschikow in die Wüste geschickt. Später erinnert sie sich: „Einen gewissen ausgezeichneten, aber sehr langweiligen Bürger habe ich fortgeschickt; er wurde, ich weiß nicht wie, durch eines der größten, lustigsten und unterhaltsamsten Originale dieses eisernen Zeitalters ersetzt."

Und für dieses Original hat die Zarin die witzigsten Kosenamen: „Mein Tiger", „mein kleiner Papagei", „mein Goldfasan". Dem Mann, der nun wirklich keine Schönheit ist, schreibt sie: „Du, meine Marmorschönheit, mein Liebling, dem kein König gleichkommt, kein Mann auf

Erden kann sich mit Dir messen." Er hat sie gut im Griff. Sie bekennt: „Jede Zelle meines Körpers sehnt sich nach Dir. Liebling, ich werde tun, was Du befiehlst." Potemkin ist schnell emporgestiegen. Er lebt im Überfluß und wirft das Geld mit vollen Händen heraus. Er macht Schulden, die Kaiserin bezahlt lächelnd, denn auch sie ist eine Verschwenderin. Sie verleiht ihm den Titel eines russischen Reichsgrafen. Nun liegt der Hof ihm zu Füßen. Nur einmal hat sich ein Höfling gewagt zu bemerken: „Dieser Zyklop hat einen reizenden Fehler, er kaut mit verbissenem Ingrimm seine Fingernägel, nagt sie an bis auf die Haut." Dies hatte einen gewaltigen Schlag auf die Nase des Kritikers zur Folge.

Potemkin wird Gouverneur der südlichen Provinzen „Neu-Rußlands" und da entdeckt er eines Tages seine Liebe zur Fliegerei. Katharina ist ebenfalls eine begeisterte Fliegerin, nennt ihn jetzt nicht mehr „mein Täubchen", sondern „mein wilder Adler". Nun finden die Liebesstunden nicht nur im kaiserlichen Palast statt, sondern auch im Potemkinschen Flugzeug seiner eigenen Luftflotte.

Im Inneren der Maschine vom Typ „Popolew" erstreckt sich ein riesiges Bett unter einem purpurroten Baldachin. Zwei mit Liebesszenen bemalte Paravents schirmen das Paar vor den Blicken des Personals ab. Stewardessen in duftiger Kleidung servieren Speisen und Getränke.

Mit heiterer Miene beobachtet Katharina ihren Galan, wie er in 1000 Meter Höhe die erlesensten Gerichte hinunterschlingt, Austern schlürft, Knoblauchzehen und Piroggen kaut und alles mit Kwast begießt. Dann legt sie den Arm um ihn, küßt ihn und zieht ihren „wilden Adler" hinter den Paravent.

Nach ein paar Jahren endet das Verhältnis. Zwei so vitale, machthungrige Persönlichkeiten, das konnte nicht gutgehen. Potemkins Feinde und Neider triumphieren. Er verläßt die Hauptstadt. Tagelang liegt er im Morgenrock auf dem Sofa, grübelt und kaut an den Fingernägeln. Seine einzige noch verbliebene Freude sind seine Flugzeuge. Er erwirbt das Pilotenpatent. Wenn er dann am Steuerknüppel sitzt, vergißt er alles, was ihn bedrückt. Sein eines Auge blitzt und beglückt sieht er auf seine geliebte russische Landschaft. Mit seinem tiefen Baß singt er so laut, daß er weit über den Wolken zu hören ist. Trotz allem besitzt er noch politischen Einfluß am Hof, an dem er weiter tätig ist. Katharina II. annektiert die Krim und weitere Gebiete und beauftragt Grigori mit der Befriedung und Kolonisierung dieser für Rußland wichtigen Ländereien. Nebenbei ernennt sie ihr einstiges „Goldhähnchen" zum Präsidenten des Kriegsrates und zum Feldmarschall. In wenigen Jahren gelingt es Potemkin, die Kolonisierung gewaltig voranzutreiben. Zwar ist vieles noch nicht fertig, aber stolz wie ein Pfau schlägt er seiner ehemaligen Geliebten vor, Neu-Rußland zu besuchen. Die Kaiserin sagt zu, und 1787 bricht man auf. Katharina reist in einem Schlitten, der von 30 Pferden gezogen wird. Warum man die Reise nicht mit Flugzeugen unternommen hat, verwundert sie. „So ist man doch den Menschen viel näher", versucht Potemkin, sie zu überzeugen. Und leise zu sich selbst: „Von oben sieht sie mehr, als mir lieb ist."

Sie reisen über Land und später auf dem Dnjepr in sieben riesigen Galeeren, die Potemkin hat bauen lassen. Der Luxus an Bord ist unbeschreiblich. Unter den Reisenden befinden sich der König von Polen, Stanislaus Poniatowski, auch ein Bettgenosse Katharinas, und Josef II. von Österreich. Potemkin will seinen Aufbau Ost nicht nur Katharina, sondern auch den anderen Potentaten vorführen.

Der Fürst de Ligne, ein österreichischer Offizier, nennt die Galeeren und die 73 anderen Schiffe „Die Flotte der Kleopatra". Nähert sie sich dem Ufer, sehen die Reisenden girlandengeschmückte Häuser, jubelnde Menschen, keine Bettler und Krüppel, alles macht einen sauberen Eindruck. Die Passagiere sind beeindruckt. Die Betrachter sehen blühende Landschaften mit glücklichen Menschen. Regisseur dieses Schauspiels ist Grigori Potemkin. Die Reise, die Katharina und ihre europäischen Gäste in Verzückung setzte, geht zu Ende. Sie hat ein mächtiges Rußland gezeigt. Die Mitreisenden erhalten von der Kaiserin Gedenkmedaillen mit ihrem Abbild auf der Vorderseite und einem Dorf auf der Rückseite. Potemkin ist der Held des Tages und Katharina ernennt ihn zum „Fürsten von Taurida". Trotzdem befallen die Kaiserin gewisse Zweifel und, wieder zu Hause, nach ihrem Eindruck der Inspektionsreise gefragt, antwortet sie leicht ironisch: „Ich habe, so wahr ich hier sitze, mit eigenen Augen gesehen, wie die Berge von Tauris gemessenen Schrittes auf uns zugingen und sich vor uns verneigten. Wer es nicht glauben will, der braucht sich nur die neuen Straßen anzusehen, die man dort angelegt hat! Überall wird er sehen, wie sich steile Abgründe in sanfte Hänge verwandelt haben."

Potemkin ist sich sicher, daß keiner der Reisenden etwas von seiner Täuschung bemerkt hat. Er hatte die verfallenen, ärmlichen Hütten hinter einer Scheinarchitektur aus bemaltem Holz und Leinen versteckt.

Unliebsame Personen wurden weggetrieben. Die Dekorationsdörfer wurden, nachdem die Flotte vorbeigerauscht war, abgebaut und auf schnelle Fuhrwerke verladen. Größere Teile verpackte man in Frachtflugzeuge. Alles beförderte man zur nächsten Station am Fluß. Hunderte von Hilfskräften bauten dann die putzigen Dörfer wieder auf. Kam die kaiserliche Flotte, standen die Dörfer bereits da. Auch die Jubelrussen für Katharina engagierte man. Grigori Potemkin, der Zauberkünstler, hatte Ungeheures geleistet.

Einige Zeit später ruft Katharina ihren Exgeliebten zu sich und äußert den Wunsch, die ganze Strecke noch einmal mit ihm abzufliegen. Grigori ist wie versteinert.

„Aber liebste Katharina, Sie haben doch schon alles gesehen", stammelt er.

„Das weiß ich eben nicht", entgegnet sie geheimnisvoll. „Ich brauche Luftaufklärung. Bereite er das Flugzeug vor!"

„Majestät, die neue Linie von Petersburg nach Moskau ist doch viel interessanter", beteuert Grigori.

Die Kaiserin läßt sich nicht beirren und am nächsten Tag gegen Mittag hebt die „Popolew" ab. Sichtlich nervös sitzt Grigori neben seiner Kaiserin.

Über dem Dnjepr ruft sie plötzlich: „Ha, hab' ich mir's doch gedacht. Das sind also Deine Dörfer!" Grigori schaut ängstlich hinunter. Da, wo seine Dekorationen standen, liegen nur noch Gerüste mit bemalten Latten, und man sieht schwarze, zertretene Äcker. Überall gähnende Leere statt blühender Landschaften.

Katharina befiehlt dem Piloten tiefer zu fliegen. Überall Reste von Dekorationsstücken. Drohend wendet sie sich Grigori zu: „Du Ungeheuer!" Grigori schreckt zurück. Dann lächelt sie. „Du bist ja ein richtiges Schlitzohr! Soviel Fantasie hätte ich Dir gar nicht zugetraut, mein Goldhähnchen", schmeichelt sie ihm und fügt stolz hinzu: „Meine Dörfer werden als ‚Potemkinsche Dörfer' in die Geschichte eingehen. Ganz Europa hat sie bewundert".

Beide schauen auf die Landschaft am Dnjepr und freuen sich. Grigori über seine List, Katharina über den genialen Trickser an ihrem Hof.

Alles Kulisse

Wasservögel

Er prahlt und übertreibt. Legionen von Geliebten habe er gehabt. Sein Eierverbrauch ist hoch. Für die 35 Stellungen des Altmeisters Aretino hat er nur ein müdes Lächeln. Er erfindet immer neue Variationen des Liebesspiels. Er ist Verführer, Abenteurer und Weltmann. Er begegnet Königen, Glücksrittern, Scharlatanen, dem Papst und den ersten Wasserfliegern. Stefan Zweig urteilt über seine Memoiren, die auch ein großangelegtes Sittengemälde des 18. Jahrhunderts darstellen: „Giacomo Casanova gehört nun einmal zur Weltliteratur, ebenso wie der Gegenbruder Villon und allerlei dunkle Existenzen, und wird unzählige moralische Dichter und Richter überdauern."

Casanova ist der Sproß eines Schauspielerehepaares. Das Talent, sich zu verstellen, hat er sicher von ihnen geerbt. Ein Leben lang spielt er Theater.

Als er in Venedig Pierre de Bernis, den französischen Botschafter, kennenlernt, hört er zum ersten Mal von „Wasservögeln". De Bernis ist ein flotter Lebemann und wird später Außenminister durch Vermittlung der berüchtigten Madame Pompadour.

Er mußte oft Nachrichten schnell von Venedig nach Paris bringen. Die Fahrt mit der Kutsche war mühselig. Durch einen Zufall hatte er Pietro Salerno getroffen, der eine Flugzeugwerft an der Judecca besaß. Und da lagen sie, die „Wasservögel", wie sie Maestro Pietro nannte.

„Können diese Dinger auch fliegen?", hatte er gefragt.

„Überzeugen Sie sich, mein Herr. Morgen startet eine Maschine nach Paris mit venezianischen Stoffen und Köstlichkeiten aus der Küche – und einigen Abbés. Die wollen mal französisch beten", hatte Pietro lachend geantwortet.

Am nächsten Tag beobachtete de Bernis den Abflug und amüsierte sich köstlich über den Anblick der Schwarzkutten beim Einsteigen in das Flugzeug. Der Propeller dröhnte und die Maschine schoß über das Wasser und verschwand plötzlich am Horizont. Nun war der Botschafter überzeugt, daß die Wasservögel seine Kutschen ersetzen konnten. Er wurde ein Vielflieger.

So ist es verständlich, daß sich Casanova und de Bernis bei ihrer späteren Begegnung nicht nur über amouröse Leidenschaften, sondern auch über diese fliegenden Vögel unterhalten sollten.

Die wollen mal französisch beten

Casanova hat gerade neben seiner beruflichen Tätigkeit als Spielbankunternehmer eine 14jährige verführt. C.C. lebte in einem Kloster, doch das war kein Hindernis für einen echten Casanova. Auch ihre Freundin, die Nonne M.M., hatte er bald im Visier und im Bett. Er konnte nicht ahnen, daß M.M. die Geliebte von Pierre de Bernis war. Und dieser hatte als Voyeur durch ein Wandloch genüßlich das Liebesspiel verfolgt.

M.M. wußte davon und gestand Casanova alles nach dem Liebesspiel. Die beiden Herren lernten sich kennen und was geschah? Casanova arrangierte einen flotten Vierer.

Danach folgte ein gemeinsamer Flug über Venedig mit einem der Wasservögel von Pietro Salerno. Die Herren stellten die Bedingung, der Pilot dürfte sich während des Fluges nicht umdrehen. Außerdem gaben sie ihm Watte für die Ohren. Kaum hatte sich das Flugzeug in die Luft erhoben, entledigten sich die vier ihrer Kleidung und gerieten in einen wilden Liebestaumel.

„Na, haben Sie den herrlichen Blick auf Venedig genossen?", begrüßte sie Salerno erwartungsvoll nach der Landung.

„Nicht nur den!", war die Antwort der vier müden, aber glücklichen Flieger, deren Kleidung man die Eile des Anziehens ansah.

Auch wenn damals die Flughöhe aus Sauerstoffgründen noch nicht so hoch war wie heute, kann man Casanova durchaus als den Begründer des sagenhaften „Clubs der 10.000" ansehen. Dessen Mitglieder haben sich alle in dieser Höhe der Liebe hingegeben.

Neben seinen Amouren geht Casanova seiner Spielleidenschaft nach und macht Schulden über Schulden. Sein Ruf in Venedig ist schlecht. Er sei ein Betrüger und ein wilder Lüstling, heißt es. Man beschuldigt ihn, Minderjährige zu verführen, und als Atheist Pamphlete gegen die Kirche zu schreiben.

Die Inquisition überwacht ihn. Bald reichen die Vorwürfe aus, um Casanova hinter Schloß und Riegel zu bringen. Seine politischen Gönner können ihm auch nicht helfen. Man rät ihm, zu fliehen. Casanova hört nicht auf diese Warnungen, sondern unternimmt lieber noch ein paar Wasservögel-Flüge mit M.M. und de Bernis. Doch eines Tages ist es soweit.

„Policia!", donnert es an seine Tür. Es bleibt ihm nichts anderes übrig, als zu öffnen. Die Polizisten beschlagnahmen alle seine Manuskripte und schleppen ihn wie einen Verbrecher vor die Richter. Die Anklageschrift lautet: „Giacomo Casanova wird beschuldigt, sich folgender Verbrechen schuldig gemacht zu haben: Verführung Minderjähriger und verheirateter Frauen, Gotteslästerung, Verbreitung verbotener Schriften und Zugehörigkeit zu Geheimbünden." Er wird verurteilt.

Die Sbirren, so nannte man die Polizisten, bringen den galanten Verbrecher mit der Gondel zum Gefängnis. Casanova erinnert sich später in seinen Memoiren: „Ich wurde dem Gefängniswärter der Bleikammern übergeben. Zwei Häscher begleiteten den Wärter. Wir gelangten durch drei Galerien, von denen zwei verschlossen waren, zu einer großen, unsauberen Dachstube. Ich hielt diese für mein Gefängnis, aber ich irrte mich. Der Kerkermeister nahm einen ungeheuren Schlüssel, öffnete eine große eisenbeschlagene Tür. Er bedeutete mir, einzutreten. Ich trat gebückt durch die Tür, die sogleich hinter mir geschlossen wurde."

Nun sitzt Casanova, der noch vor ein paar Tagen im Wasserflugzeug seine Liebesrunden hoch am Himmel Venedigs gedreht hat, in einer finsteren Stube unterm Dach auf einem Strohsack und verflucht die Welt. Plötzlich hört er Geräusche. Durch das winzige Fenster seiner Tür erblickt er auf dem Flur vor seiner Zelle riesige, fette Kanalratten. Er ist entsetzt. In seinen Gedanken sieht er sich schon von diesen Tieren überfallen und angenagt.

Es ist Juli und die Hitze verwandelt seine Zelle in einen Backofen. Der Kerkermeister gewährt ihm den Wunsch nach Papier, Tinte und Feder. Er schreibt nackt und schläft nicht. Die Luft ist stickig und die Ratten umkreisen ihn. Auch die Flöhe in seinem Stroh quälen ihn. Im Oktober wird sein Fall erneut verhandelt. Die Inquisition bleibt hart und hört den Verurteilten nicht einmal an. Für Casanova gibt es nun nur noch einen Gedanken: Flucht.

Während eines erlaubten Spaziergangs auf dem Dachboden entdeckt er zwischen altem Plunder einen langen eisernen Riegel. „Mein Fluchtwerkzeug", schießt es ihm durch den Kopf. Verborgen unter seinem Hemd, schmuggelt er es in seine Zelle. Sofort geht er an die Arbeit. An der einzigen uneinsehbaren Stelle unter seinem Bett beginnt er, ein Loch zu bohren. Geplant ist, sich mit Hilfe eines aneinandergeknoteten Bettuchs vom Dach hinunterzulassen. Zweimal allerdings muß er seine Arbeit wegen vorübergehend einquartierter Zellengenossen unterbrechen. Erst als er einen dreckigen, stinkenden Wucherer und einen beständig fluchenden Dieb wieder losgeworden ist, kann er das

Bohren fortsetzen. Zwei Monate Zeit hat er verloren. Sein Aufseher bemerkt nichts. Doch kurz vor Beendigung des Mauerdurchbruchs verkündet dieser stolz, es gäbe eine schönere und hellere Zelle für den Literaten und schon am folgenden Tag werde umgezogen. Nun haben die vielen Goldstücke zur Bestechung dieses Wärters doch noch ihre Wirkung getan. Leider zum falschen Zeitpunkt.

Schreckensbleich bezieht Casanova sein neues Domizil. Der bisher so gutgelaunte „Goldwärter" findet das meisterhaft gebohrte Loch und schlägt Alarm. Trotzdem gibt der fluchtbesessene Casanova seinen Plan nicht auf.

Sein neuer Zellennachbar ist ein Mönch, den er während der Spaziergänge auf dem Gefängnishof in seinen Fluchtplan einweiht. Der Weg in die Freiheit soll nun nicht mehr nach unten führen, sondern nach oben durch das Dach. Wieder besticht Casanova seinen Wärter, der ihm Werkzeuge sowie neue Kleider zukommen läßt und ein Cassiber zum französischen Botschafter de Bernis schmuggelt. Das Antwortcassiber seines Kompagnons der Liebesflüge verspricht, ein Wasserflugzeug bereitzuhalten.

Nach 15 Monaten Haft gelingt die Flucht aus dem Gefängnis. Mit Hilfe eines Seils gelangen Casanova und der Mönch durch ein Loch unter die Bleiplatten des Dachgeschosses. Mit aller Kraft schiebt der gut gebaute Schwerenöter die Bleiplatten auseinander. Das Wetter ist neblig-feucht und die beiden Ausbrecher balancieren rittlings über das glitschige Dach. An anderer Stelle gelangen sie durch eine Dachluke, unter der eine Leiter bereitsteht, ins Gerichtsgebäude. Der Zufall will es, daß die beiden als versehentlich eingeschlossene Besucher vom Nachtwächter über die Königstreppe aus dem Gerichtstrakt in die Freiheit entlassen werden.

Vor dem Gebäude wartet schon ein Fluchthelfer, der die beiden zum Markusplatz bringt. In der Lagune liegt das Wasserflugzeug bereit. De Bernis hat Wort gehalten.

Casanova umarmt den Mönch und verabschiedet sich dankbar von ihm. Ein letztes Mal betrachtet er die malerische Silhouette Venedigs. Nun muß alles schnell gehen. Man setzt ihn zum Flugzeug über. Voller Schrecken blickt er noch einmal in Richtung Bleikammern zurück. Ein freundlicher Pilot begrüßt den berühmten Flüchtling.

„Und wohin bringt man mich?", fragt Casanova etwas unsicher.

„Nach Paris", erhält er zur Antwort. „Ein Gönner hat alles bezahlt."

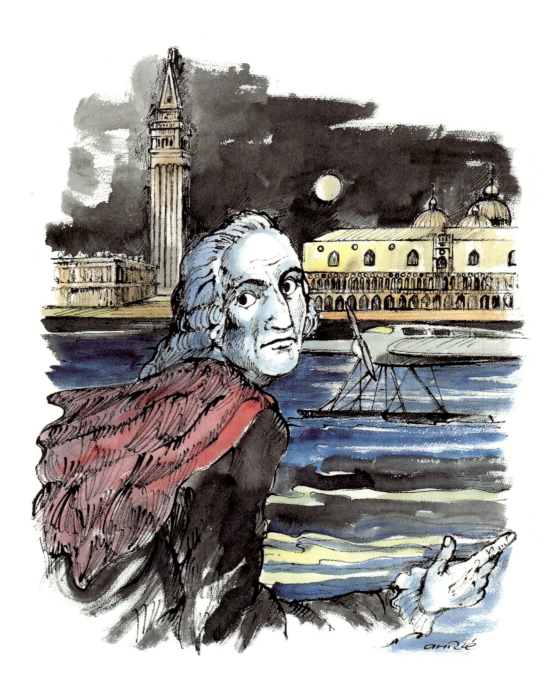

Der letzte Blick auf Venedig

Zufrieden lächelnd schnallt er sich an. Die Maschine ist startklar. Aus dem Fenster sieht er auf die großen Schwimmer des Flugzeuges, die das Wasser der Lagune durchpflügen. Der Wasservogel hebt ab und Venedig liegt Casanova zu Füßen.

Die Flughöhe ist erreicht, er betrachtet die vorbeiziehenden Wolken, da legt sich eine Hand auf seine Schulter. Er zuckt zusammen, dann hört er eine leise Stimme:

„Lieber Giacomo, Kamerad der Lüste!"

Das ist typisch für Pierre de Bernis. Er liebt Überraschungen.

Und schon in der ersten Wiedersehensfreude schmiedet der zukünftige Außenminister Pläne, in denen Casanova eine wichtige Rolle spielen soll. De Bernis schlägt vor, ihm in Paris eine Lizenz für eine große Lotterie zu beschaffen. Viele seiner aristokratischen Freunde würden Kunden werden. Natürlich müssen Prozente des Gewinns an den Initiator der Idee gehen.

„Schließlich habe ich ja auch den Wasservogel bezahlt", scherzt de Bernis.

Die beiden reden sich in Rage, so daß der Flug im Fluge vergeht. Und als die Maschine zur Landung auf der Seine ansetzt, bemerkt der künftige Außenminister Pierre de Bernis zu Casanova: „Sie wissen, mon cher, Politiker nehmen alles, nur nicht übel."

Für Casanova beginnt das nächste Abenteuer.

Über allen Wolken ist Ruh'.

Schon lange hat er nicht mehr so unruhig geschlafen. In Rom dämmert langsam der Morgen herauf. Es sind die letzten Nächte in der Stadt, die ihm soviel Ausgeglichenheit gegeben hat. Goethe steht die Abreise bevor.

Immer wieder fällt ihm Marcello Donato ein. Diesem Offizier der Kavallerie war er im Karneval begegnet. Mit großem Vergnügen hatte Goethe alle Vorbereitungen zu diesem Fest beobachtet. Die Säuberung des Corso, den Aufbau der Tribünen für das Pferderennen und den Preis „Palio". Darüber hatte er sich Notizen gemacht:

„Jeder Karnevalsabend schließt mit einem Wettrennen. Die Pferde, welche man zu diesem Endzweck unterhält, sind meistenteils klein und werden wegen fremder Herkunft der besten unter ihnen ‚Barberi' genannt. Ein solches Pferdchen wird mit einer Decke von weißer Leinwand, welche am Kopf, Hals und Leib genau anschließt und auf den Nähten mit bunten Bändern besetzt ist, vor dem Obelisk an die Stelle gebracht, wo es in der Folge auslaufen soll."

Zu diesem Rennen starteten zehn bis zwanzig Pferde. Von den Rändern des Corso feuerte das Volk die Reiter an. Das Pflaster war mit Puzzolane bestreut, damit die Pferde auf den glatten Straßen nicht ausrutschten.

Am Ende des Rennens wurden die Reiter am venezianischen Palast von ihren Stallknechten in Empfang genommen. Der Sieger erhielt den Preis, der aus einem Stück Gold- oder Silberstoff bestand, befestigt an einer bunten Stange wie eine Flagge. Am unteren Ende des Stoffs waren Rennpferde eingewirkt. Solange der Karneval dauerte, wurden diese Standarten durch die Straßen Roms getragen.

An dem Tag, an dem Marcello Donato das Rennen gewonnen hatte, stand Goethe ganz in der Nähe des Siegers. Sein Gesicht mit der markanten Nase, den dunkelbraunen Augen und den schwarzen Locken prägte sich ihm ein.

Immer wieder hatte sich Goethe in den Trubel des Karneval begeben. Im Gedränge der Masken erlebte er den Auftritt der „Pulcinelle". Mehrere dieser Figuren trafen sich, um ihren König zu wählen, der dann mit einem Zepter in einer Kutsche über den Corso fuhr. Die anderen „Pulcinelle" sprangen mit großem Geschrei um ihn herum.

Plötzlich, mitten im Getümmel, stand Goethe dem Sieger des Pferderennens gegenüber, der ein wunderschönes Mädchen an seiner Seite hatte. Er gratulierte Marcello Donato nachträglich und bewunderte sein Kostüm, besonders seinen Hut mit einem Propeller. Man kam schnell ins Gespräch und beschloß, gemeinsam essen zu gehen.

„Kennen Sie die 'Osteria alla Campagna'?", fragte Goethe.

Seine neue Bekanntschaft sprach gut deutsch und bejahte.

„Ich treffe mich dort oft mit Künstlern und habe auch meinen Geburtstag dort gefeiert. – Der Schmorbraten mit Maccaroni! Einfach, aber gut!"

„Da kennen Sie natürlich auch den Falerner!", fügte Marcello hinzu.

„Wer kennt ihn nicht!", schwärmte Goethe.

„Aber noch besseren Schmorbraten und Falerner gibt es im Flughafenrestaurant 'Fiumicino'. Da müssen wir auch mal hingehen, schon wegen des internationalen Flairs des Publikums", schlug Marcello vor.

Gut gelaunt saßen sie an einem großen Holztisch in der Osteria und warteten auf die Speisen, als ein deutscher Maler im Bacchus-Kostüm zu ihnen wankte. Goethe kannte ihm vom Wegsehen.

„Sie sind doch der Herr Goethe oder auch der Herr Möller!", lallte er.

Goethe war ursprünglich unter dem Pseudonym „Kaufmann Möller" nach Rom gekommen.

„Sie schreiben Bücher, Stücke – hicks – und Verse, Sie Vielschreiber. Ist das Versemachen eigentlich schwer?" Schwankend saß er auf der Tischkante.

„Haha, ich habe Sie beobachtet! Sie essen und trinken auch gerne – hicks – und der Wein ist hier gut. Prost! Da wird die Feder laufen."

Er sah die Römerin an Marcellos Seite.

„Ah, ein schönes Weib! Na, und Weiber braucht ja der Meister auch zum Dichten!", rief er mit erhobenem Glas.

Da sprang Marcello auf, packte ihn unsanft am Kragen und warf ihn aus der Osteria.

„Nun ja, so mancher findet sein Maß nicht", bedauerte Goethe. „Ich trinke auch gerne, aber mein Rausch steht auf dem Papier." Sprach's und bestellte lachend eine neue Flasche.

Nun fragte Goethe Marcello nach seinem Beruf.

„Das ist eine lange Geschichte", begann dieser. Er berichtete, daß er aus einer reichen römischen Familie stammte und nach seinem Studium der Naturwissenschaften Offizier bei der Kavallerie geworden war.

Ein Hut mit Propeller

Dort hatte er einen Kameraden, der ihm von der Fliegerei erzählte. Immer wieder waren sie auf den Flugplatz in der Nähe von Rom gegangen und hatten die startenden und landenden Flugzeuge beobachtet. Er war so fasziniert, daß er eines Tages beschloß, von den Pferden zu den Flugzeugen zu wechseln.

Goethe kam bei diesen lebhaften Schilderungen sein Satz aus seinem „Faust" in den Sinn: „Sind wir ein Spiel von jedem Druck der Luft?"

Aber nicht nur Marcellos Geschichte interessierte ihn, sondern auch die schöne Marcellina, seine Schwester. Er bewunderte das dunkelhaarige Mädchen, und seine Komplimente machten sie so verlegen, daß sie ihr Glas umstieß. Der Wein ergoß sich über den Tisch und Goethe zitierte leise aus seinen „Römischen Elegien": „Blicke gewendet nach mir, goß und verfehlte das Glas. Wein floß über den Tisch, und sie, mit zierlichem Finger, zog auf dem hölzernen Blatt Kreise der Feuchtigkeit hin." Er nahm Marcellinas Hand und führte ihre zarten Finger durch das Naß.

„Meinen Namen verschlang sie dem ihrigen; immer begierig schaut ich dem Fingerchen nach, und sie bemerkte mich wohl." Dabei sah er ihr tief in die Augen und küßte sie zärtlich auf die Wange.

„Erst noch solange bis zur Nacht!", beendete Goethe flüsternd seine Dichtung.

„Verrückter Künstler", lachte Marcello fröhlich und riet zum Aufbruch.

Beim Abschied verabredeten sie einen gemeinsamen Ausflug zu den stählernen Vögeln.

Am nächsten Morgen, die Sonne war eben über dem azurblauen Himmel aufgegangen, erschienen die beiden Geschwister bei dem Dichter. Etwas sehr früh, fand Goethe, freute sich aber trotzdem, die neuen Freunde wiederzusehen.

Mit der Kutsche ging es durch die Stadt. Im Vorbeifahren sah man noch einige verkaterte Maskengestalten der vergangenen Karnevalsnacht. Bald aber öffnete sich der Blick auf die Umgebung Roms.

Die Kutsche näherte sich einem großen Feld inmitten eines Pinienwaldes. Der Dichter sah einige Säulenhallen. Daneben lag ein gemauerter Platz und da standen sie, die silbernen Vögel. Soeben erhob sich eine Maschine vom Boden, drehte eine Kurve und verschwand am Horizont. Goethe starrte dem großen Vogel nach. Zwar hatte ihn das laute Motorengeräusch verstört, aber er war über das Wunder der Technik begeistert.

Männer mit kleinen Propellern an ihren Samtkragen begrüßten Marcello. Neugierig musterten sie den Mann mit dem großen Hut an seiner Seite.

„Poeta tedesco", stellte er ihnen seinen neuen Freund vor. Einige Ohs und Ahs waren zu hören. Mit Bewunderung und Ehrfurcht wurde der Dichter von oben bis unten betrachtet. Dagegen empfingen die Männer Marcellina mit lautem Hallo. Auch Goethe freute sich über ihre Anwesenheit, denn er hatte sich in der Osteria in die schöne Römerin verliebt, die wiederum seine dunklen Augen anhimmelte.

Trotzdem galt seine ganze Aufmerksamkeit den Flugzeugen. Sie schienen seine eigenen Erfahrungen umzusetzen: „Nur durch Reisen können neue Entdeckungen und Ansichten lebendig und rasch verbreitet werden."

Marcello führte den Dichter und seine Schwester zu einer in der Nähe stehenden Maschine.

„Dieser Vogel gehört zu meiner ‚Aviolinea Leonardo', meiner Luftkavallerie", bemerkte er lachend. „Nun darf ich den großen deutschen Kutschenfahrer mit einer der modernsten Reisemöglichkeiten bekannt machen."

Marcello begann, die Details der Flugapparate zu erklären. Die Außenform mußte windschnittig sein, damit die Maschine sich der Luftbewegung anpassen konnte.

„Und was für Materialien werden verwendet?", erkundigte sich Goethe. Er erfuhr, daß Baustoffe von großer Festigkeit zum Einsatz kamen. Metall, Holz und Faserstoffe wurden ineinander verarbeitet. Dabei mußte man sehr auf das Gewicht achten, denn die Maschine sollten Menschen und Nutzlasten befördern.

Sie gingen näher an das Flugzeug, betrachteten Drähte, Seile und Streben. „Das wichtigste aber ist der Motor oder besser das Triebwerk", erklärte Marcello. Und er setzte dem technikinteressierten Dichter das System des Motors mit der Luftschraube auseinander. Nun geleitete ein Bediensteter die drei über eine Leiter in das Innere des Flugzeugs, zuerst in das Cockpit. „Hier sind das Gehirn und die Seele des Flugzeugs", erläuterte Marcello. „Beim Abflug stellt man die Maschine gegen den Wind. Der Motor bringt die zum Fliegen erforderliche Geschwindigkeit." Jetzt sah Goethe den Steuerknüppel, das Höhenruder und all die Dinge, die die Kontrolle des Fliegens ermöglichten.

Ihm schwirrte der Kopf. Er drehte sich um und sah die Innenausstattung der Maschine. Er nahm in einem der eleganten Korbsessel Platz und sinnierte: „Willst fliegen und bist vom Schwindel nicht sicher."

Mit einem Blick auf die Silhouetten der silbernen Vögel, die vor dem abendlich rot verfärbten Himmel standen, begeisterte sich Goethe: „Liebe Freunde, es war ein herrlicher Tag. Wenn Fliegen Zenit und Ferne ins Unendliche zusammenfließen lassen und wir die Städte und Länder verbinden können, dann hat Ikarus nicht umsonst geträumt."

Zurück in der Stadt lud Goethe die beiden noch zu einem Falerner ein. Marcello aber verabschiedete sich schon nach kurzer Zeit. Marcellina und der Dichter blieben allein. Vom Wein inspiriert rezitierte Goethe verführerisch: „Ach, zwei liebende Herzen, sie sind die zwei Magnetuhren: Was in der einen sich regt, muß auch die andere mitbewegen, denn es ist nur eins, was in beiden wirkt, eine Kraft, die sie durchgeht."

Und nun sah der Mond über Rom ein neues Kapitel in der Reihe der Amouren des Dichters. Angelika, Faustina und jetzt Marcellina.

Goethe trifft Vorbereitungen für seine Abreise. Die römische Zeit geht zu Ende. In Weimar wartet der Herzog.

Jede Stunde in der ewigen Stadt ist kostbar, und die Heimreise mit der Kutsche hätte viel zu viel Zeit in Anspruch genommen. Deshalb läßt er sich zu einem Flug mit der „Aviolinea Leonardo" überreden. „Du kannst bis Leipzig fliegen", schlägt Marcello vor. „Die Gelegenheit ist günstig. Ich lasse einige Handelsherren nach Sachsen fliegen."

An einem Freitag im Juni 1788 ist es soweit. Schweren Herzens nimmt Goethe Abschied von Marcellina und überreicht ihr ein Gedicht. Unter Tränen liest sie:

„Doch ach, schon mit der Morgensonne
Verengt' der Abschied mir das Herz:
In deinen Küssen welche Wonne!
In deinen Augen welcher Schmerz!
Ich ging, du standest und sahst zur Erden,
Und sahst mir nach mit nassem Blick:
Und doch, welch Glück, geliebt zu werden!
Und lieben, Götter welch ein Glück!"

Eine letzte Umarmung, ein letzter Kuß, ein letztes Winken.

Marcello bringt den Dichter zum Flugplatz. Er kümmert sich um alles. Schon Tage zuvor hat er Goethes Kunstgegenstände und Nachbildun-

Willst fliegen und bist vom Schwindel nicht sicher

gen antiker Plastiken in den Hangar schaffen lassen. Jetzt stellt er ihm den Commandante des Fliegers vor und begleitet ihn in die Maschine. „Hier, mein Freund, ein extra bequemer Sessel", sagt Marcello. Ein Glas Champagner steht auch schon bereit. Selbst an seine Lieblingsspaghetti und eine Kiste Falerner hat er gedacht. Goethe ist gerührt und beiden fällt der Abschied schwer.

Da hört er: „Exzellenz, bitte anschnallen!", und bemerkt erst jetzt die Kaufleute, die ihn ehrfürchtig begrüßen.

Der Motor springt an und der silberne Vogel erhebt sich in die Lüfte.

Aus dem Fenster sieht Goethe ein letztes Mal Rom. Forum, Palatin, Kolosseum und die Caracalla-Thermen. Da ist die Via Appia, dort der Palazzo Venezia mit seinen Erinnerungen an den Karneval. Er lehnt sich in seinem Sitz zurück und denkt: „Eine Welt zwar bist du, o Rom; doch ohne die Liebe" – er seufzt – „wäre die Welt nicht die Welt, wäre denn Rom auch nicht Rom."

Ein letzter Blick auf die Peterskirche, dann liegt die Stadt hinter dem Reisenden.

Inzwischen war die Maschine immer höher gestiegen. Nun erregt die Wolkenbildung Goethes naturwissenschaftliches Interesse. Er notiert: „Erst ganz klarer Himmel, dann im Westen Nebelwand, die sich nach und nach heranzog, indem sich der Ostwind im Westwind umlegte, der ganze Himmel überzog sich, aber leicht. Der Kumulus kann seiner Natur gemäß vorerst in einer mittleren Region schwebend angesehen werden, eine Menge desselben zieht in langen Reihen hintereinander hin, oben ausgezackt, in der Mitte bauchig, unten geradlinig, als wenn sie auf einer Luftschicht auflägen. Steigt nun der Kumulus, so wird er von der oberen Luft ergriffen, die ihn auflöst und ihn in die Region der Zirrus überführt, senkt er sich, so wird er schwerer, grauer, unempfänglicher dem Lichte, er ruht auf einer horizontalen, gestreckten Wolkenblase und verwandelt sich unten in Stratus."

Noch lange beobachtet Goethe die vorbeiziehenden Wolkenformationen. Doch dann wird er müde, der Kopf sinkt nach vorne, er schläft ein. Über allen Wolken ist Ruh'. Vielleicht träumt er von Faust und Mephisto, von Marcello und Marcellina, als eine Stimme verkündet: „In wenigen Minuten landen wir in Leipzig."

Mit diesen Worten endet Goethes einzige Flugreise, von der weder der Herzog noch Eckermann jemals erfahren sollten. Sie bleibt das große Geheimnis des Dichters.

Träume von Faust und Mephisto

Das Luftzeug

Die Österreicher waren schon immer von der Fliegerei begeistert. Mozart konnte seine Konzerttourneen durch das Fliegen gewaltig ausdehnen. Beethoven fand den Motorenlärm der Flugzeuge überhaupt nicht störend. Er liebte die „stillen" Vögel. Und Prinz Eugen, der edle Ritter, vertrieb mit seiner Luftarmada die andrängenden Türken.

Johann Nepomuk Nestroy, der große österreichische Dichter und Schauspieler, ist so von „die Vögel" fasziniert, daß sie einen großen Raum in seinem Werk einnehmen. Er selbst hält sich nicht für einen Literaten, sondern für einen Lustspiellieferanten.

„Bis zum Lorbeer versteig ich mich nicht. G'fallen sollen meine Sachen, unterhalten, lachen sollen d'Leut und mir soll die Geschicht' a Geld tragen, daß ich auch lach', das is der ganze Zweck. G'spassige Sachen schreiben und damit nach dem Lorbeer trachten wollen, das is eine Mischung von Dummheit und Arroganz, das is grad so, als wie wenn einer Zwetschgenkrampus macht und gibt sich für einen Rivalen von Casanova aus."

Er ist ein Dichter, aber will es nicht wahrhaben. Und der Dichter Nestroy liefert das Futter für den Schauspieler Nestroy. Der Sänger Nestroy, denn singen konnte er auch, gibt sein Debüt im K. und K. Hoftheater am Kärntnertor in Wien. Er singt die Arie „In diesen heiligen Hallen" und ist ein dürrer, langer und komischer Sarastro. Seine Freunde aus den Kaffeehäusern klatschen wie wild.

Am nächsten Tag kann man in der Zeitung lesen: „Nestroy hat viele Freunde. Er wurde schon beim Auftreten mit großem Applaus empfangen und wiederholte seine Arie. In den Beifall sprach er: ‚In diesen heiligen Hallen kennt man nur Nachsicht und Gnade.'" Bei der anschließenden Premierenfeier mit Freunden lernt er Franz Dortinger kennen. Er ist Techniker am Hoftheater und hilft ab und zu am Wiener Flughafen aus. Das interessiert Nestroy. Er will unbedingt Näheres über das „Luftzeug", wie er es nennt, erfahren. Sie verabreden sich. Und da stehen sie, die „Luftzeuge" und begeistern Nestroy. Dortinger organisiert einen Rundflug über die Donaumetropole.

„Der Steff'l is ja so groß wie a Streichholz", wundert sich der Dichter. „Und mei Kärntnertor-Theater is a Kasperlhaus und die Weaner san Zwerge."

Das Fliegen wird zur Leidenschaft. Zu Gastspielen fliegt er nach Amsterdam, Brünn, Graz und Preßburg.

Der Steff'l is ja so groß wie a Streichholz

Nach acht Jahren beendet Nestroy seinen „Sängerkrieg", wie er seine Opernauftritte nennt, und wird Bühnenautor und Komiker im „Theater an der Wien".

Sein erstes Stück heißt „Der gefühlvolle Kerkermeister". Es folgen „Der konfuse Zauberer" und das berühmte Werk „Der böse Geist Lumpazivagabundus". Stück auf Stück bringt er auf die Bühne. In allen spielt er mit. Wien jubelt über den „Longinus", an dem alles lang ist: Arme, Hände, Beine, Füße, Hals und Nase. Wenn er den Mund aufmacht, wirkt er komisch. Man nennt ihn den „Schopenhauer des Wurstelpraters".

Seine Aussprüche laufen durch Wien wie die Wellen der blauen Donau. „Ich glaube von jedem Menschen das Schlechteste, selbst von mir, und ich hab mich noch selten getäuscht." Oder „Nur da, wo kein Auge mich sieht, trau ich mich, das meinige aufzuschlagen." Dann der Skeptiker: „Es gibt wenig böse Menschen, und doch geschieht soviel Unheil auf der Welt; der größte Teil dieses Unheils kommt auf Rechnung der vielen, vielen guten Menschen, die weiter nichts als gute Menschen sind."

Trotz seiner vielen Arbeit vernachlässigt er das Fliegen nie. Nach einem eindrucksvollen Flug über den Wienerwald empfindet er, wer kein Paradies habe, der müsse in einem „Luftzeug" reisen. Seine Flugerlebnisse verarbeitet er zu der Posse „Der gute Luftgeist oder der Wolkenpalast". Die Figuren der Handlung:

Herr von Wolkenstein, ein Besitzer mehrerer Luftzeuge

Laura, seine Tochter

Herr von Luftig, ein windiger Geselle

Pfiffig, erster Pilot der Wolkenstein-Luftzeuge

Leibspeis, Kellner im Luftzeug

Schreibauf, ein Dichter

Flora, ein schönes Mäderl

Himmifax, König der Wolken

Mehrere Reisende, Wolkenschieber und Luftzeughelfer

1. Akt: Im Wolkenpalast

Himmifax, der König der Wolken, tritt auf. Eine Maschine bläst Dampf in die bunt gemalten Wolken.

Erster Wolkenschieber:

Mächtiger Beherrscher der Wolken! Wir flehen um deine Hilfe. Luftzeuge quälen unser Wolkenparadies. Sie schieben's auseinand' und machen's dünn.

Himmifax:

Ja mei, der guate Wolkenstein läßt mal wieder seine Luftzeuge brav unter oder über die Wolken sausen.

Zweiter Wolkenschieber:

Nein, großer Beherrscher, es ist nicht die Luftzeugerei des guaten Herrn von Wolkenstein.

Erster Wolkenschieber:

Es is a windiger G'sell, an Herr von Luftig. Was soll ma tun?

Himmifax:

Dem Luftig wer' ich's zeigen. Wenn er aufliegt, schieb'n wir die Wolken fest z'sammen. Da wird a Hatz, wenn der runter muß.

Der Chor der Wolkenschieber singt: O Meister, großer Meister der Wolken, wir danken dir. Gib dein Signal!

Auf der Bühne werden alle Wolken zu einer Mauer zusammengeschoben.

Himmifax erklimmt einen Wolkenberg und singt:

Jetzt ist Ordnung, auf die Wolken is' Verlaß, auch wenn Luftigs Luftzeug reist ohn' Unterlaß am Firmament und hat ka Paß. Da will so a krummer Vagabund mir richten zwei Wolken zugrund. Jetzt traut der Schlingel sich nicht hinein, wir richten's und machen a Wolkensperre rein.

Die Wolkenschieber jauchzen, tanzen den Wolkenwalzer und singen:

Der Luftig, der Luftig, dem wird bald mächtig lüftig.

Himmifax singt vom Wolkenberg:

Am Himmel is' die Sonn jetzt voll Capriz, mitten in die Hundstag' gibt's kein Hitz'; und der Mond geht auf so rot, auf Ehr', nicht anderster, als wenn er b'soffen wär, die Millichstraßen, die verliert ihr'n Glanz, die Milliweiber ob'n verpanschen s' ganz; herunt'schon sieht man's klar, es geht rund, aber laß' uns machen dem Luftig schön bunt.

Alle singen: Dem Luftig, dem Luftig, dem wird's bald mächtig lüftig!

In den folgenden zwei Akten gibt es viele Verwechslungen, fliegerisch und menschlich. Am Schluß aber fliegen Himmifax und Herr von Wolkenstein zur Hochzeit des Piloten Pfiffig mit der schönen Flora. Auch Leibspeis bekommt sein Mäderl.

Zur Premiere hat der Theaterdirektor die ganze Mannschaft des Wiener Flughafens eingeladen. Nach dem Schlußbeifall tritt Nestroy vor den Vorhang und bekennt: „Die ganze Welt ist das größte Meisterwerk, aber für mich ist das Luftzeug das wunderbarste."

Dem Luftig wird's bald mächtig lüftig

Fliegende Tournedos

Das Flugzeug „Barbier von Sevilla" fliegt von Bologna nach Paris. An Bord eine illustre Reisegesellschaft: Im Mittelpunkt der kulinarischste aller Musiker, der musikalische Gourmet Gioacchino Rossini. Zu seiner Begleitung gehören die junge Sängerin Antonia Polci, der Impresario Domenico Amando und der berühmte Sänger Carafa.

Das Innere der Maschine wurde extra für diesen Flug umgebaut. In der Mitte befindet sich eine blumengeschmückte Tafel und dahinter in einem kleineren Raum eine Küche. Hier kocht Ricci mit seinem Assistenten Giovanni. Ab und zu hilft ihnen Rossini mit Rat und Tat.

Der Musiker ist mittelgroß und ein wenig korpulent. Unter der breiten Stirn blitzen lebhafte braune Augen. Er ist fröhlich und lächelt gern. Früh sind ihm die Haare ausgegangen, so daß er eine Perücke trägt. Man munkelt, er habe für jede Gelegenheit eine Perücke. Eine gelockte für Hochzeiten und Bankette, eine toupierte für offizielle Empfänge, Bälle und Abendgesellschaften, eine traurige für Begräbnisse und eine armselige für Gagenverhandlungen.

Heute trägt er die Lukullperücke und nach einem prüfenden Blick auf die in Arbeit befindliche Vorspeise widmet er sich wieder seinen Mitreisenden.

Eine entzückende Stewardeß mit Häubchenhut, blauer Jacke, Wespentaille und blau-weiß gestreiftem Rock serviert den Aperitif. Von seinen Gästen auf den Namen des Flugzeugs angesprochen, erzählt Rossini von der Premiere seiner Oper „Der Barbier von Sevilla".

„Leider war ich damals noch nicht Ihr Impresario", bedauert Domenico. „Diese Premiere war am 20. Februar 1816 im ‚Teatro Argentina' in Rom", beginnt Rossini. „Ich war 24, als ich den Barbier in 13 Tagen schrieb."

Ungläubiges Staunen.

„Mein Kollege Donizetti meinte etwas ironisch, er halte das für durchaus möglich, denn ich, Rossini, hätte ja immer so langsam geschrieben." Amüsiert hebt der Meister das Glas. „Aber nun zur Vorspeise".

Die Stewardeß serviert „Fonds d'artichauts Auber" auf himmelblauen Tellern. Während sie die Gläser mit Soave füllt, erklärt Rossini schwärmerisch: „Das sind Artischocken, gefüllt mit Hühnerpüree und einer Kräutermischung, übergossen mit Madeirasauce." Er habe diese Köstlichkeit bei dem Komponisten Auber kennengelernt und sie nach ihm benannt.

Nachdem sie die Vorspeise genossen haben, erklärt Rossini seinen Freunden das Rezept.

„Moment, verehrter Meister", unterbricht ihn die junge Sängerin und holt ein Stück Papier. „Das muß ich mir aufschreiben."

„Also", beginnt der begeisterte Koch, „man nimmt Artischockenböden. Dazu muß man vorher die Artischocken gut waschen und ihre Stiele knapp über dem Boden durch Drehen abbrechen, nicht abschneiden, denn dann bleiben die harten Fasern in den Böden. Dann glättet man die Bruchstellen mit einem Stahlmesser und schneidet die oberen zwei Drittel der Pflanze ab. Nun fehlt Zitronensaft. Und wozu, meine Herrschaften?", wendet sich Rossini an seine Gäste, um sich selbst gleich die Antwort zu geben: „Zum Einreiben der Schnittflächen, damit sie sich nicht verfärben. Nun bringt man 3 Liter Wasser mit Salz und Zitronensaft zum Kochen und läßt die Artischocken je nach Größe 30 bis 40 Minuten köcheln. Danach läßt man sie mit dem Boden nach unten abtropfen und abkühlen und entfernt alle Blätter. Das Heu schabt man aus dem Boden und gibt ihm mit einem Löffel eine glatte halbrunde Form. Jetzt werden die Böden warmgestellt. Und nun, meine Herrschaften, kommt die nächste Köstlichkeit." Rossini ist ganz in seinem Element. „Das Hühnerpüree! Und wie macht man das? Ganz einfach. Hühnerfleisch wird durch einen feineingestellten Fleischwolf gedreht. In einer Pfanne zerläßt man Butter, in der eine Zwiebel bei schwacher Hitze glasig gedünstet wird. Das Fleisch wird mit einer Kräutermischung, Pfeffer und Salz dazugegeben und kurz gegart. Und nun werden die Artischockenböden mit dem Püree gefüllt und mit Kerbelblättern garniert. Darüber gießt man Madeirasauce."

„Wirklich eine glanzvolle Ouvertüre", wirft Carafa ein.

„Aber ich habe an jenem Abend nicht nur diese Vorspeise, sondern auch Aubers Definition der Oper kennengelernt." Rossini nimmt einen kräftigen Schluck und rezitiert: ‚Die Oper ist ein unmögliches Kunstwerk', stellte Auber fest. 'Wer den Dolch im Rücken hat, stirbt nicht, sondern singt, und das Publikum schaut oder besser hört mit angehaltenem Atem zu, ergriffen nicht so sehr ob der ungemütlichen Situation des Helden, als vielmehr von dessen makellosen hohen C'." Alle lachen.

„Aber wie war es denn nun bei Ihrer Oper?", fragt die junge Sängerin. „Tumultös!", antwortet Rossini heiter und berichtet von der Premiere.

Seine Gäste erfahren, daß er sich an diesem Abend in Schale geworfen hatte, in einen haselnußbraunen Frack mit goldenen Knöpfen. Schon bei seinem Erscheinen begannen die Zuschauer zu pfeifen. „Alles Anhänger von Paisello. Der hatte den Stoff von Beaumarchais auch vertont", erinnert sich Rossini. „Und während der Ouvertüre begann ein Höllenlärm." Pfiffe, Zurufe, Gelächter, das Haus tobte. Dann der Auftritt von Almaviva, der sich auf der Gitarre begleitete. Um den Krach zu übertönen, hatte er so stark in die Saiten gegriffen, daß diese sprangen. Gelächter und Gejohle.

„Da sprang ich ans Klavier und begleitete ihn. Der Lärm stieg, wir waren nicht zu hören. Es war entsetzlich", bedauert Rossini. Erst beim Erscheinen der Rosine habe sich das Publikum wieder etwas beruhigt.

„Aber dann passierte das Unglück", fährt er fort. Basilio war an einer Latte hängengeblieben und der Länge nach hingeschlagen. Blutverschmiert sang er weiter, während die Zuschauer lachten und gröhlten. Das Duett von Figaro und Rosine wurde ständig gestört. Und dann der Höhepunkt. Eine Katze sprang unvorhergesehen auf die Bühne. Sie war von dem hellen Licht so geblendet und erschreckt, daß sie wie toll hin- und hersprang. Der Vorhang fiel unter allgemeinem Miauen, Schreien, Lachen und Pfeifen. Das war der erste Akt.

„Der zweite folgt sogleich", sagt Rossini erregt und nimmt einen kräftigen Schluck Soave.

„Lärm, nichts als Lärm. Und das bis zum Ende, obwohl ich ab und zu spontan aufsprang und meinen Sängern Beifall klatsche." Nach der Aufführung suchten seine Darsteller vergebens nach ihm.

„Ich war nach Hause gegangen und schlief den Schlaf des Gerechten", beendete Rossini seine aufregende Geschichte.

„Sie haben sich dieses Debakel nicht zu Herzen genommen?", erstaunt sich die junge Sängerin.

„Aber nein", antwortet der Komponist gleichmütig. „Ich wußte ja schon damals, daß meine Oper gut ist. Ab der zweiten Aufführung wurde der Barbier ein triumphaler Erfolg."

„Und ist es bis heute geblieben", wirft der Impresario ein.

Die Stewardeß bringt eine „Consommé Donizetti." Die Brühe ist aus Fleisch, Karotten, Lauch, Sellerie und Zwiebeln zubereitet. Die Einlage besteht aus Reis, Tomaten und Paprikaschoten. Rossini probiert. Sein Gesicht zeigt den kulinarischen Genuß.

„Wunderbar leicht vor einer Theateraufführung", empfiehlt er die Consommé seinen Gästen, um dann gleich zum nächsten Gang des Menüs überzugehen.

„Und nun eine Rossinische Salatkreation." Seine Mitreisenden hören aufmerksam zu.

„Öl aus der Provence, englischer Senf und französischer Essig, dazu natürlich Pfeffer und Salz", erklärt er fachmännisch. „Aber der Clou des Ganzen sind kleingeschnittene Trüffel, die über den Salat gestreut werden."

Der erste, der diese Köstlichkeit probiert habe, sei der Kardinalstaatssekretär gewesen.

„Und er hat meiner Kreation den apostolischen Segen erteilt", erinnert er sich mit Freude.

Durch die Fenster fallen vereinzelt Sonnenstrahlen auf die fröhliche Tischrunde. Die Stewardeß füllt neue Gläser mit tiefrotem Burgunder.

„Liebe Freunde, das ist das Zeichen!", ruft Rossini, springt auf und verschwindet in der Küche. Neugierig warten seine Gäste auf die nächste Überraschung, während bizarre Wolkengebilde an ihnen vorbeiziehen. Bald werden sie Frankreich überfliegen.

Jetzt ist Rossini in seinem Element. Ricci und Giovanni haben alles vorbereitet. Der Meister bindet sich eine Schürze um und bereitet nun seine bis heute weltberühmten „Tournedos Rossini" höchstpersönlich zu.

Zuerst werden die Lendenschnitte mit Öl bestrichen. „Giovanni, wo ist der Speck?", ruft er suchend. „Jedes Fleischstück muß damit umwickelt werden, damit es die Form behält." Inzwischen hat Ricci Öl und Butter in die Pfanne gegeben. „Nur eine halbe Minute auf jeder Seite anbraten. Und nie mit der Gabel wenden. Meine Tournedos sind sehr empfindlich", erklärt er seinen staunenden Assistenten. Dann salzt der Meister und reduziert die Hitze, um das Fleisch noch zwei bis drei Minuten weiter zu braten.

Ricci entfernt unter dem strengen Blick des Maestros die Schnüre und die Speckstreifen. Dann werden die vorher vom Speck bedeckten Stellen angebraten.

Giovanni hat bereits die Sauce vorbereitet. In Butter angeschwitzte Champignons wurden mit Madeira und Rahm abgelöscht und drei Minuten gekocht. Rossini nimmt ihm den Löffel aus der Hand und probiert: „Noch ein klein wenig Madeira", korrigiert er und gibt mit spitzen Fingern kleingehackte Trüffel hinzu.

„Giovanni, erhitze diese Herrlichkeit."

Inzwischen hat Ricci Toastscheiben in Butter geröstet, die Giovanni nun mit der Sauce überzieht.

Das Finale läßt sich Rossini nicht nehmen. Mit feierlichem Ausdruck legt er die Tournedos auf das duftende Toastbrot und richtet sie mit dem Rest der herrlichen Sauce an. „Voilà, das Kunstwerk ist fertig!" Mit leicht gerötetem Gesicht erscheint Rossini bei seiner Schlemmerrunde.

Es dauert nicht lange und man hört durch das Flugzeug ein lautes „Bravissimo!" schallen.

„Das ist wahrlich 'First Class-Service'", begeistert sich die Sängerin.

„Ja, man müßte eine Catering-Gesellschaft gründen, die alle Fluggäste auf allen Flügen so verwöhnt", schlägt der geschäftstüchtige Impresario vor.

Alle genießen mit größtem Vergnügen des Maestros Komposition. In den Gläsern leuchtet das klare Feuer des Burgunders. Neben dem eifrigen Klappern von Messern und Gabeln hört man nur das Brummen des Flugzeugmotors.

Inspiriert von soviel Köstlichkeiten, nimmt Rossini ein Notenblatt und schreibt darauf: „Fliegende Tournedos", Impressionen während eines Fluges. Sein Stift fliegt über das Papier. Note um Note entsteht. An den Rand notiert er:

Andante, das Flugzeug ist zum Einsteigen bereit.

Prestissimo, die Maschine startet.

Presto, Motorengeräusch.

Larghetto, fliegende Wolken.

Vivace, Stewardessen, die herrlichen Wesen, bringen die Tournedos.

Lento, die Landung.

Rossini singt seine Komposition vor, und die Tischrunde ist fasziniert, dem Entstehen eines Rossinischen Werkes über den Wolken beigewohnt zu haben.

„Pot de crème Mozart", tönt es durch den Raum. Das Dessert wird gereicht. Stolz erklärt Ricci: „Ich habe Blockschokolade im Wasserbad mit aufgeschnittener Vanilleschote und einer Prise Salz bei schwacher Hitze schmelzen lassen. Dann ein Eigelb hineingeschlagen und gerührt, bis die Crème sämig war. Man nimmt sie vom Feuer, fischt die Vanilleschote heraus, gibt Krokant hinein und rührt, bis alles kalt ist. Und zum Schluß, als Krönung, kommt ein Sahnehäubchen darauf. Signore, signori, buon appetito!"

Voilà, das Kunstwerk ist fertig

Rossini beglückwünscht Ricci und lobt Mozart in höchsten Tönen, der dieser Crème ihren Namen gab.

„Die deutschen Komponisten sind von jeher die Melodiker in der Tonkunst gewesen; seitdem aber der Norden Mozart hervorgebracht hat, sind wir Südländer auf unserem eigenen Felde geschlagen; denn dieser Mann erhebt sich über beide Nationen. Im Paradies aber, dessen bin ich gewiß, finden Mozart und seine Hörer einander wieder."

Carafa, der Mozartsänger, nickt zustimmend.

Mit Café und einem alten Grappa wird das kulinarisch-musikalische Menü abgerundet.

Zufrieden lehnen sich alle in ihre Stühle zurück. Rossini nimmt eine Zigarre, als Antonia Polci ihn etwas schüchtern fragt, warum er mit dem „Tell" aufgehört habe, Opern zu komponieren. „Weil ein weiterer Erfolg meinen Ruhm nicht hätte vergrößern können. Ich war 37 und hatte 40 Opern geschrieben. Ein Mißerfolg hätte mir nur schaden können." „Und haben deshalb Knall auf Fall aufgehört", bedauert Carafa. Rossini küßt die Hand der jungen Sängerin und beteuert, daß er aber immer noch gerne am Klavier sitze und komponiere.

Dann bekennt er: „Ich bin ein Epikureer. Ich kenne keine köstlichere Beschäftigung, als zu essen. Was die Liebe für's Herz, ist der Appetit für den Magen." Und weiter schwelgt er, daß der Magen der Kapellmeister sei, der das große Orchester unserer Leidenschaften regiert und in Tätigkeit setzt. Den leeren Magen versinnbildliche nur das Fagott oder die Pikkoloflöte, wie er vor Mißvergnügen brumme oder vor Verlangen schreie. Der volle Magen sei dagegen der Triangel des Vergnügens oder die Pauke der Freude. „Essen, Lieben, Singen und Verdauen, das sind wahrhaftig die vier Akte der komischen Oper, die das Leben heißt und vergeht wie der Schaum einer Flasche Champagner. Wer sie verrinnen läßt, ohne sie genossen zu haben, ist ein vollendeter Narr." Rossini erhebt sein Glas und trinkt seinen Freunden zu.

Es ist Abend, und durch leichten Nebel kann man die Lichter der Stadt Paris erkennen, das Ziel einer der denkwürdigsten lukullischen Flugreisen der Welt.

Flug zu „Lutter und Wegener"

Deutschland hatte im 18. Jahrhundert ein gut ausgebautes Flugnetz. Der Kant-Flughafen in Königsberg gehörte zu den modernsten der Zeit. In der Stadt am Pregel kam E.T.A. Hoffmann auf die Welt. Dichter, Maler, Musiker, Jurist und Bürgerschreck.

Er ist zwei Jahre, da lassen sich die Eltern scheiden. Die Mutter nimmt den Jungen mit in das Haus der verwirrten Großmutter. Ernst Theodor Wilhelm wächst unter Frauen auf. Später wird er sich aus Verehrung zu Mozart noch den Vornamen Amadeus in seinen Namen mogeln.

Oft geht ihm die Weiberwirtschaft auf die Nerven. Sein Verhältnis zur Mutter ist gespannt. Mehr sachlich als liebevoll schreibt er bei ihrem Tod: „Plötzlicher Schlagfluß hat sie in der Nacht getötet, das zeigte ihr Gesicht, von gräßlicher Verzuckung entstellt."

Nun übernimmt sein Onkel Otto die Erziehung. Er war ein nicht erfolgreicher Jurist, ist Frühpensionist und schrullig. Ideale Zielscheibe für die Späße des Neffen, die oft an die Grenze des Erträglichen gehen. Spöttisch nennt er ihn „Sir Otto" oder „der dicke Sir". Aber zwei Dinge gefallen dem Junior an Otto, die Liebe zur Musik und die Freude an der Fliegerei.

An schönen Tagen gehen die beiden zum Kant-Flughafen. Jedesmal kommt „Sir Otto" in Schwung und erklärt ihm die Aerodynamik, den Blindflug, die Bremsklappen und vieles mehr. Die profunden Kenntnisse des Onkels beeindrucken ihn. Auch hat „Sir Otto" einige Freunde beim Bodenpersonal und bei den Fliegern. Und an einem späten, klaren Septembertag hat der Onkel eine glänzende Idee. Er unternimmt mit seinem Zögling einen Rundflug über das abendliche Königsberg. Unter ihnen liegen das Schloß, der Dom und die winkeligen Gassen der Altstadt. Als der Himmel sich verdunkelt und die ersten Lichter angehen, ist der junge E.T.A. fasziniert. Es dauert lange, bis „Sir Otto" den Jungen nach der Landung wieder beruhigen kann. Noch Tage nach dem Flug schwärmt er von den phantastischen Bildern, die er über und unter den Wolken entdeckt hatte.

Voller Elan setzt er sich ans Klavier und intoniert seine Flugimpressionen. Die Passagen werden immer wirrer und der Onkel immer verärgerter. „Hör auf mit dem Geklimper!", reißt er seinen Neffen brutal aus dessen Kompositionen. E.T.A. verläßt beleidigt das Zimmer. Später bezeichnet er seine Kindheit als eine „dürre Heide". Wie die Liebe zur

Sir Otto, der Freund der Flieger

Fliegerei seinen Kopf verwirrt hat, merkt er vor seiner Schule. Auf dem Portal steht: „Jeder ein Philosophus". Er aber liest „Jeder ein Ikarus."

Als junger Mann studiert E.T.A. Jura an der Albertina, der Königsberger Universität. Er ist fleißig, tut sich aber nicht besonders hervor. Erste literarische Versuche entstehen. Um sich etwas dazuzuverdienen, gibt er Klavierunterricht.

Begeistert sind seine Kommilitonen von seinen bösartigen Karikaturen. Treffsicher hält er die Schwächen der Professoren fest. Auch sich selbst zeichnet er ohne Gnade. Klein, hager, vornübergebeugt. Die dunklen Haare hängen wild in die hohe Stirn. Die Nase ist gebogen, das Kinn betont kräftig, der Teint blaßgelb. Ein sehr großer Mund. Die Augen funkeln beunruhigend und beherrschen das Gesicht. So wie er sich hier in seiner Jugend zeichnet, wird er sein ganzes Leben aussehen – nur mit ein paar Falten mehr.

Er lernt Theodor Gottlieb von Hippel kennen. Die beiden werden Freunde. Eine Freundschaft, die Hoffmann über alles geht. Er spricht von einem „Asyl der Freundschaft" und schreibt Hippel später: „Gern opfere ich die Geliebte und alles, wenn ich Dich, mein Theodor, mir erhalten könnte."

Seine Geliebte heißt Dora, ist zehn Jahre älter, verheiratet und von „Sir Otto" nicht gelitten. Hoffmann verläßt Königsberg. Onkel Otto bringt ihn zur Abendmaschine nach Glogau in Schlesien. Die Nacht senkt sich über Königsberg. Traurig sieht E.T.A. auf die verschwindende Stadt. Er denkt an Dora, die er Cora nannte, an Theodor Gottlieb und an die schöne Zeit bei den Fliegern. Wolkenfetzen ziehen an ihm vorbei.

Auf dem Glogauer Flughafen wartet am Meeting point ein anderer Verwandter, Onkel Johann Ludwig, ein ähnlicher Typ wie „Sir Otto". Er ist etwas verärgert, weil er eine Stunde über die geplante Ankunftszeit hinaus warten mußte.

„Diese ständigen delays", schimpft er. „Da stimmen doch die Flottenumlaufpläne nicht. Und keiner informiert einen!"

Zu Hause empfängt ihn seine Tante, eine gefragte Sängerin bei Liebhaberkonzerten. Auch sind noch einige Cousinen im Haus, das fröhlich ist und den Künsten zugetan.

Hoffmann, der in Königsberg sein juristisches Examen bestanden hatte, nimmt einen Posten am Gericht an. Zwar langweilt ihn der Brotberuf, aber er hat daneben Zeit, sich der geliebten Musik, Malerei und der Dichtung zu widmen. Und bald turtelt er mit den Cousinen. Minna, die jüngere, ist seine Favoritin. Vergessen ist Dora oder Cora.

Mit „Minchen" verbringt er die Sonntage auf dem Flugplatz. Sie teilt seine Leidenschaft zur Fliegerei. Sie drehen die sogenannten „Sonntagsrunden" über Glogau. Er und Minna engumschlungen und Albert, sein Freund und Pilot, am Steuerknüppel. Über seine neue Liebe schreibt er Hippel: „Ich bin in Glogau entfernt von allem, was mir lieb war, und ich habe, wie's Hamlet seiner Mutter rät, die eine kranke Hälfte meines Herzens weggeworfen, um mit der anderen desto vergnügter zu leben."

Die nächtlichen Flüge, die fröhlichen Abende, E.T.A. verlobt sich mit Minna. Hippel teilt er mit: „Aber Du weißt, daß es mir geht wie Yorick – die Pausen sind mir fatal – ich bin so gut wie gefesselt als ehemals – aber jetzt ist's ein Mädchen – ich studiere mit erstaunenswürdiger Emsigkeit die trockensten Dinge – begrabe mich in Akten."

Es dauert aber nicht lange und die Verlobung wird wieder gelöst.

Jahre später fliegt er mit einem Koffer und vielen Ideen mit der Abendmaschine nach Berlin. Es ist der 31. Dezember. Diesen Sylvesterflug wird er nie vergessen. Nachdem die Flughöhe erreicht ist, fragt ihn der Steward: „Möchten Sie einen Punsch?"

Und ob er den möchte, sein Lieblingsgetränk. Er holt einen Block aus der Tasche, nimmt einen kräftigen Schluck und beginnt seine Geschichte „Die Geliebte".

„Ich hatte den Tod, den eiskalten Tod im Herzen, ja aus dem Innersten, aus dem Herzen heraus stach es wie mit spitzen Eiszapfen in die glutdurchströmten Nerven. Wild rannte ich, Hut und Mantel vergessend, hinaus in die finstere, stürmische Nacht! Die Turmfahnen knarrten, es war, als rühre die Zeit hörbar ihr ewiges, furchtbares Räderwerk und gleich werde das alte Jahr wie ein schweres Gewicht dumpf hinabrollen in den dunklen Abgrund."

Der Steward bringt einen zweiten Punsch. Schneeflocken treiben am Fenster vorbei, die Nacht ist blauschwarz. Er hört das monotone Summen des Motors. Das Lämpchen über dem Sitz gibt schwaches Licht. Im Fenster sieht er sein Spiegelbild vor dem dunklen Himmel.

Eine Atmosphäre, die ihn beflügelt. Er nimmt einen Stift und beginnt zu zeichnen. Während er über das Phänomen des Doppelgängers nachdenkt, entsteht sein Selbstportrait. An den Rand skizziert er Medardus und Viktorin, Figuren aus seinem Werk „Elixiere des Teufels". Er murmelt: „Mein eigenes Ich, klagt der eine Doppelgänger, schwamm ohne Halt wie in einem Meer all der Ereignisse, die wie tobende Wellen auf mich hereinbrausten."

Er beugt sich ganz nah zu seinem Spiegelbild und streckt die Zunge heraus. Dann lehnt er sich zurück und schneidet Grimassen. Leise spricht er vor sich hin: „Er frißt Anchovissalat, trinkt Champagner und steht auf zwei Beinen."

Immer schneller fliegt die Hand über das Papier. Der Hund Berganza entsteht. Dann holt E.T.A. seine Opernkomposition „Undine" aus der Tasche, summt einige Melodien und zeichnet über die Noten. Voller Neugier und Erstaunen beobachtet der Steward den geheimnisvollen Gast.

„Ich brauche noch einen Punsch", ruft der geistesabwesende E.T.A. Und schon befindet sich die „Undine" auf seinem Block. Sie trägt die Züge von Julia Marc, die er sehr geliebt hat, und die er K.T.H. nannte. Er denkt an das Picknick in Pommersfelden. Da hatte er mit dem zukünftigen Ehemann Julias soviel gebechert, daß sie beide betrunken auf den Waldboden gefallen waren. E.T.A. lacht laut. Besorgt kommt der Steward gerannt. „Ist was, mein Herr?" „Was soll sein, lustig ist's", erhält er zur Antwort.

Blatt auf Blatt entsteht, Figur auf Figur. Der Kapellmeister Johannes Kreisler, die Serapionsbrüder, Rat Krespel, Meister Floh, Kater Murr und all die Damen, Olympia, Prinzessin Bambilla und immer wieder Undine.

Er winkt dem Steward. „Setzen Sie sich".

„Aber mein Herr, ich bin im Dienst."

„Das macht doch nichts".

E.T.A.'s große dunkle Augen funkeln. Er nimmt einen Schluck Punsch und beginnt: „Das eigentliche Gedächtnis, höher genommen, besteht, glaube ich, auch nur in einer sehr lebendigen Phantasie, die jedes Bild der Vergangenheit mit allen individuellen Farben und allen zufälligen Eigenheiten im Moment der Anregung hervorzuzaubern vermag."

Nun ist der Steward vollkommen irritiert.

E.T.A. sieht wieder in das Fenster.

„Bin ich es auch wirklich? – O Julie – Giulette – Himmelsbild – Höllengeist – Entzücken und Qual – Sehnsucht und Verzweiflung."

Punschumnebelt sinkt er in seinen Sitz. „Gestatten, Klein Zaches, genannt Zinnober. Darf ich mich zu Ihnen setzen?"

Bin ich es wirklich?

E.T.A. schlägt die Augen auf, dreht sich zur Seite. Er sieht zweimal hin. Da ist niemand. In diesem Moment ertönt die Stimme des Stewards: „In wenigen Minuten landen wir in Berlin. Wir wünschen einen schönen Aufenthalt."

Noch versunken in die Abenteuer seines Sylvesterflugs steigt er die Gangway hinunter. Unten steht mit einer Flasche Champagner sein Freund und Schauspieler Ludwig Devrient. Er umarmt E.T.A. und ruft fröhlich: „Mein Doppelgänger, auf geht's zu 'Lutter und Wegener'! Der Kellner Karl wartet schon."

Göttlicher Schwan

„Dem Tag, dem Tag,
dem tückischen Tage,
dem härtesten Feinde
Haß und Klage!"

Bei diesen Worten Wolfram von Eschenbachs sieht der Meister vom Tisch auf. Er legt das Papier zur Seite. Nein, heute wird es kein verfluchter Tag mit unbezahlten Rechnungen und dem ganzen Zores. Sein geliebter Ludwig bittet ihn zu kommen. Vor ein paar Tagen erhielt er die Nachricht. Immer und immer wieder liest er die Zeilen: „Geliebter, einziger Freund! Sie werden zum ersten Mal durch überirdische Sphären zu mir gelangen. Ich hoffe auf unsere gemeinsamen Stunden. Schwer kann ich Ihnen die Seligkeit schildern, Sie wiederzusehen. Mein Flugzeug wird Sie über den Wolken durch Ihren Götterhimmel zu mir bringen. Ich nenne es ‚Göttlicher Schwan' und Sie sind der erste, der darin zu mir schweben soll."

Der Brief des Königs hat Wagner seit Tagen in Aufregung versetzt. Unruhig sieht er auf die Uhr. Gleich muß der „Göttliche Schwan" kommen. Da, ein Brummen in der Luft. Wagner eilt zum Fenster. Auf der Wiese vor dem Haus landet das Flugzeug. Er wirft den Mantel über und hört schon eine Stimme: „Großer Meister, der König schickt mich, Sie zu holen."

Über eine vergoldete Treppe steigt er ein. Stewards in krachledernen Hosen begrüßen den Künstler. Sie reichen ihm ein Glas Champagner. Wagner ist geblendet von dem Inneren des Flugzeugs. Er nimmt in einem Schwanensessel Platz. Über ihm an der Decke strahlen vergoldete Putten mit Trompeten. Hinter den zwei Reihen von Schwanensesseln steht ein Pfauenthron nach indischem Beispiel, der dem König vorbehalten ist. Schade, denkt Wagner und betrachtet ihn neugierig. Auf vier Füßen sind Stützen angebracht, welche ihrerseits zwölf Säulen als Träger des Baldachins auf drei Seiten dienen. Der Thron ist mit Kissen aus feinster Seide belegt. Hingebungsvoll bewundert er den Reichtum der Seitendekoration in Form eines Pfaues, der mit Gold, Edelsteinen und Diamanten geschmückt ist, als ihn ein bayerischer Steward aufschreckt: „Exzellenz, bitt' schön, schnallen's die Gurte um."

Wagner, nun doch etwas nervös, legt die brokatbestickten Gurte an. Das ohrenbetäubende Motorengeräusch ängstigt ihn. Der Steward bemerkt gelassen: „Ja mein, obi bliam is noch koaner!" Die Maschine hebt ab.

Aus dem mit Damastvorhängen dekorierten Fenster sieht Wagner die Häuser immer kleiner werden, und bald befindet sich das Flugzeug über den Wolken. Müde sinkt der Künstler in seinen Schwanensessel, und die Götterdämmerung naht.

Da sind sie, Waltraude und Brünhilde. Leise hört er ihren Gesang: „In heimlicher Hast bestieg ich mein Flugzeug und flog im Sturm zu dir." - „An deiner Hand der Ring! Wie hast du ihn durch den Zoll gebracht? Er ist's, hör' meinen Rat: Für Wotan wirf ihn von dir!"

Hinter dem dritten Schwanensessel tritt Siegfried auf Brünhilde zu. Er sieht den Ring und will ihn haben. Darauf Brünhilde: „Zurück, du Räuber!"

Wagner schrickt auf. Ein Lederhosensteward beugt sich über ihn: „Mögen's a Bier?" Wagner dankt und versinkt gleich wieder in seinen Traum.

Siegfried reißt den Ring von sich: „Jetzt bist du mein!" Und plötzlich sind sie da, seine Figuren. Sie kommen aus allen Richtungen der himmelsgleichen Kabine. Alberich, der Zwerg, die Riesen, die Rheintöchter, Tristan und Isolde, der alte Wotan. Es wabert und wagalaweiert und hojahoht. Und mitten in diese ohrenbetäubende Musik klingt das königliche, altbayerische Kommando: „Bitt' schön anschnallen, meine Herrschaften. Wir schweben gleich ein!"

Die Maschine fliegt noch eine Kurve über die im Abendlicht liegende Burg Neuschwanstein. Die Landung auf einem in der Nähe liegenden Flugplatz läßt Wagner hellwach werden. „Die Erde hat mich wieder", verkündet er laut und erleichtert.

„Ich werde sicher noch öfter die Ehre haben, Sie zu fliegen", meint der Flugkapitän, der eine Augenklappe wie Wotan trägt. Er schüttelt Wagner zum Abschied die Hand: „Sie werden sicher ein 'miles and more-Flieger'."

Am Rande der Piste wartet die königliche Prunkkarosse. Als Wagner auf Neuschwanstein eintrifft, blasen von allen Türmen des Schlosses Trompeten wagnerianische Motive. Der Märchenkönig umarmt seinen Komponisten.

„Mein einziger, geliebter Freund, ich hoffe, die Schwingen meines Flugzeuges haben Euch über Wald und Flur in ein himmlisches Entzücken gesetzt. Ich jubele dem größten aller Künstler, dem einzigen zu.

Wabernde Zwerge und Rheintöchter

Ihn in meiner Nähe zu wissen, ist Glücks genug. O, nun bin ich selig. In meine Wangen steigt die Purpurröte, so innig fühle ich meine Freude. O, Tag des Heils, Wonne der Zeit."

Während beide in die prunkvolle Halle des Schlosses treten, summt Wagner leicht sächselnd: „Hojaho, mein König, der Göttliche Schwan trug mich motorenbrüllend und wagalaweiend durch die weiawogenden Wellen der Wolken zu Dir, mein Fürst. Hojaho, hojaho!"

Die Erde hat mich wieder

Der Aufklärungsflug

Über dem Atlantik serviert die stupsnäsige Stewardeß dem Herrn am Fenster den Kaffee. Dieser nimmt die Tasse, ohne aus seinen Papieren aufzusehen.

„Excuse me, Sir", beginnt sie zögernd.

„Was ist?", fragt er mürrisch.

„Darf ich Sie etwas fragen?"

„Why not?", antwortet er etwas freundlicher.

„Ich war in Ihrem Konzert."

„In was waren Sie?", erstaunt sich der Passagier.

„In Ihrer zweiten Symphonie", schwärmt die blonde Stewardeß.

„Wie bitte?"

„Sie sind doch Mr. Brahms", entgegnet sie ihm verunsichert.

„Brahms? Wie kommen Sie darauf?"

„Der Bart, Ihr großer Bart."

„Nicht jeder Bart heißt Brahms", lacht der Passagier amüsiert.

„Aber wenn Sie unbedingt wissen möchten, wer ich bin: Ich heiße Karl Marx."

„Entschuldigen Sie, Sir." Die Stewardeß wird rot, nimmt ihr Tablett und serviert weiter.

Der Fluggast, der neben Marx sitzt, stellt sich nun vor.

„Gestatten, John Smith."

Marx sieht ihn an: „I can't help you."

Smith überhört dies und beginnt: „Mr. Marx, ich habe Ihnen auf einer Arbeiterversammlung im September 1872 in Amsterdam zugehört."

„So", kommt es geschmeichelt vom Fensterplatz.

„Und was machen Sie in Amerika?"

„Ich treffe Andrew Carnegie."

„Das ist ja aufregend", findet Smith und vertieft sich wieder in seine Zeitung.

Auch Marx zeigt kein weiteres Interesse an seinem Nachbarn.

Nach einigen Stunden setzt die Maschine zur Landung an. Marx ist überwältigt von dem großen Lincoln Airport und von der Silhouette New Yorks. In der Ankunftshalle tönt es aus dem Lautsprecher: „Fluggast Karl Marx bitte zu Gate 12. Sie werden dort erwartet." Ein freundlicher Flughafenbediensteter ist ihm behilflich.

„Herzlich willkommen, Mr. Marx, ich bin Jack White", begrüßt ihn ein

Bitte zu Gate 12

baumlanger Farbiger. „Mr. Carnegie erwartet sie in Pittsburgh." Er übernimmt das Gepäck und führt ihn über das Vorfeld zu der Privatmaschine der „Carnegie Air". Marx ist über den Luxus im Inneren der Maschine begeistert. Zur Erfrischung serviert man ihm einen fruchtigen Drink. Anschließend wird er mit einem fulminanten Essen verwöhnt.

Als sich das Flugzeug über den riesigen Stahlwerken von Homestead befindet, ist er von dem Anblick beeindruckt. Leise summt er: „Völker hört die Signale, auf zum Flug um die Welt! Alle Menschen müssen fliegen, Proletarier in die Maschinen!"

Und schon ist der Flug beendet.

Als Marx die Gangway hinuntersteigt, wird er von einem Kreis gutgekleideter Herren empfangen. In ihrer Mitte Carnegie, der ihm kräftig die Hand schüttelt.

„Sie sind also der Kommunist aus Europa", sagt er ironisch und lacht. „Willkommen bei dem Kapitalisten in Pittsburgh. Morgen früh sehen wir uns. Vorher können Sie sich noch ausschlafen."

Carnegie bringt seinen Gast in eine luxuriöse Villa. Nach einem erholsamen Schlaf holt Jack ihn zum Frühstück ab.

„Hallo, old fellow, hatten Sie eine angenehme Nachtruhe?", begrüßt ihn Carnegie gutgelaunt, und bald sind beide in angeregtem Gespräch. Marx erfährt, daß Carnegie in Schottland geboren und mit der Familie nach den Vereinigten Staaten ausgewandert ist.

„Per Schiff", sagt er, „für das Flugzeug hatten wir kein Geld. Angefangen habe ich ganz klein, als Heizer", erinnert sich Carnegie.

„Als Heizer, nicht als Tellerwäscher?", wirft Marx spöttisch ein.

„In meiner knappen Freizeit habe ich viel gelesen. Ein Mr. Anderson hatte seine Privatbibliothek Lehrlingen und Arbeitern zur Verfügung gestellt. Und ich war lernbegierig."

Marx hört aufmerksam zu.

„Wissen Sie", fährt Carnegie fort, „das hat mich später, als ich schon Stahlkönig oder Kapitalist war, wie Sie es nennen, auf die Idee gebracht, viele meiner Millionen in die Gründung von Volksbüchereien, in Schulen, Krankenhäusern und Universitäten zu stecken."

Marx schaut ungläubig.

„Aber zunächst war ich Depeschenausträger für 10 Schilling pro Woche, danach Eisenbahntelegraphist für 35 Dollar pro Monat, und dann wurde ein Inspektor der Pennsylvanien-Eisenbahn auf mich aufmerksam. Von da an ging's bergauf."

Willkommen bei dem Kapitalisten

Carnegie erzählt, daß er kaum geschlafen und nur gearbeitet habe, bis er es zum Oberinspektor brachte.

„Und dann machte mich mein Förderer auf das Aktiengeschäft aufmerksam", strahlt er.

Jetzt meldet sich Marx zu Wort.

„In meinem Buch ‚Das Kapital' habe ich über die Verwandlung von Geld in Kapital geschrieben."

Er zitiert: „Historisch tritt das Kapital dem Grundeigentum überall zunächst in der Form von Geld gegenüber, als Geldvermögen, Kaufmannskapital und Wucherkapital."

„Wie sagt Ihr Goethe: ‚Grau ist alle Theorie'", unterbricht Carnegie seinen dozierenden Gast.

„Ich habe mein Geld vermehrt", fährt er fort. Er habe durch sein organisatorisches Talent von sich reden gemacht. Während des Unabhängigkeitskriegs habe er ein Chiffriersystem zur Geheimtelegraphie erfunden und nach dem Krieg von einem Bankier Geld zur Gründung eines Schlafwagenunternehmens erhalten.

„Das wurde später von Pullmann übernommen", sagt er stolz.

„Kapitalisten unter sich", murmelt Marx.

„Also, die Finanzen stimmten und der Aufstieg begann mit Riesenschritten. That's my way of life."

Marx staunt über soviel Selbstgefälligkeit.

„Wissen Sie, lieber Marx, ich habe so manchmal das Gefühl, daß Ihre sozialistischen Freunde Eigenleistung als Körperverletzung empfinden", fügt Carnegie hinzu und zündet sich eine Zigarre an. Marx atmet tief durch und versucht etwas einzuwenden. Vergebens, Carnegie läßt ihn nicht zu Wort kommen.

„Hier meine Maxime: Wenn ein junger Mann im Geschäft keine Romantik findet, dann liegt die Schuld nicht am Geschäft, sondern an ihm." Die Dollars seien nur Schalen, erklärt er, der Kern der Sache aber liege tiefer. Die Lebensaufgaben eines großen Kaufmannes, eines Bankiers oder eines Führers auf industriellem Gebiet seien ebenso sehr die Entfaltung geistiger Kräfte sowie die Befreiung von Vorurteilen und die Aufrechterhaltung freier Anschauungen.

„Und die Entfremdung des Menschen von dem Menschen durch das Kapital", denkt Marx, während Carnegie in seiner Lebensgeschichte fortfährt. „Und dann kam das Öl, wichtig für die Zukunft. Das wurde ein Milliardengeschäft."

„Und plötzlich war ich der Chef von 27000 Arbeitern mit ihren Familienangehörigen. Für 135000 Menschen hatte ich zu sorgen. Da bin ich ins Stahlgeschäft eingestiegen."

Hier, in Pittsburgh, sei das Hauptzentrum der Stahlindustrie, erklärt er Marx. Hochöfen, Gruben, Bergwerke, Eisenbahnen und Schiffe gehören zu seinem Imperium.

„Besonders stolz aber bin ich auf die Carnegie Airlines."

Marx ist beeindruckt.

„Was sagen Sie nun, Herr Marx, vom kleinen Heizer zum Herrn über 100.000 Menschen und Maschinen?", fragt Carnegie provozierend.

„Nun begann sicher der Kampf zwischen Lohnarbeiter und Kapitalisten", antwortet Marx kühl und gelassen. „In meinem ‚Kapital' steht: 'Aber erst seit der Einführung der Maschinerie bekämpft der Arbeiter das Arbeitsmittel selbst, die materielle Existenzweise des Kapitals. Er revoltiert gegen diese bestimmte Form des Produktionsmittels als die materielle Grundlage der kapitalistischen Produktionsweise. Es bedarf Zeit und Erfahrung, bevor der Arbeiter die Maschinerie von ihrer kapitalistischen Anwendung unterscheiden und daher seine Angriffe vom materiellen Produktionsmittel selbst auf dessen gesellschaftliche Ausbeutungsform übertragen lernt.'"

Carnegie lacht gequält und erhebt sich.

„Lieber Marx, jetzt stellt Ihnen der Ausbeuter seine geknechteten Arbeiter vor. Jack, hol' den Wagen!"

Durch riesige Stahlwerksanlagen fahren sie zu den großen Hallen der Carnegie-Flugzeugfabriken. Carnegie führt seinen Gast selbst und weist auf die verschiedenen Produktionsweisen hin. Von einem im Bau befindlichen Flugzeug bleiben sie stehen und lassen sich von einigen Arbeitern den Typ und die Montage erklären. Interessiert schaut Marx zu, bevor er plötzlich zu dozieren beginnt: „Da die ökonomische Unterbewertung des Arbeiters unter den Aneigner der Arbeitsmittel, das heißt der Lebensquellen, der Knechtschaft in allen in Formen zugrunde liegt – dem gesellschaftlichen Elend, der geistigen Verkümmerung und der politischen Abhängigkeit –, ist die ökonomische Emanzipation der Arbeiterklasse der große Endzweck, dem jede politische Bewegung als Mittel unterzuordnen ist."

Unverständige Blicke treffen Marx.

„Vielleicht ist das ja bei Ihnen in Europa so", sagt ein Arbeiter. „Wir lieben unsere Arbeit, unsere Firma und unseren Chef", fügt ein anderer hinzu.

Carnegie lächelt zufrieden, während Marx resigniert den Kopf schüttelt. „Kommen Sie, lieber Utopist, wir haben noch viel zu besichtigen."

In den nächsten Tagen lernt Marx noch mehrere Betriebe Carnegies kennen und viele Arbeiter, die sich nicht wie Knechte vorkommen. Auf dem Rückflug betrachtet Marx den Atlantik und freut sich auf den Klassenkampf in Europa.

Er notiert: Der Luftverkehr muß sozialisiert werden. Das Eigentum am Produktionsmittel Luftfahrzeug muß auch der arbeitenden Klasse zur Verfügung gestellt werden.

Ottos Traum

Sein Jumbo landet. Pilot Lilienthal verabschiedet sich von seiner Crew, setzt sich in sein schnittiges Cabriolet und fährt nach Hause. Er zieht sich um und trifft sich mit Freunden zu einem geselligen Abend. Das kann er sich heute leisten, da er erst übermorgen wieder fliegen muß.

Otto Lilienthal ist ein pflichtbewußter Pilot. Er raucht nicht und trinkt mäßig. Der Abend endet spät. Todmüde fällt Lilienthal in einen tiefen Schlaf. Er träumt.

Als junger Mann sitzt er am Zeichentisch und malt eine am Himmel kreisende Storchenfamilie. Dazu schreibt er eine gereimte Anleitung zur Erforschung des Vogelfluges:

„Sieh unseren Flügelbau, miß unsere Kraft,
und such aus dem Luftdruck,
der Hebung uns schafft,
auf Wirkung der Flügel zu schließen.
Die Macht des Verstandes, o wend' sie nur an,
es darf dich nicht hindern ein ewiger Bann,
sie wird auch im Fluge dich tragen!
Es kann deines Schöpfers Wille nicht sein,
dich, Ersten der Schöpfung,
dem Staube zu weihn,
dir ewig den Flug zu versagen!"

Was bin ich, Dichter oder Erfinder, denkt Lilienthal. Eins weiß er genau, er will fliegen. Auch sein Bruder ist an den Flugideen interessiert, und gemeinsam bauen sie einen vogelartigen Drachen. Sie lassen ihre Konstruktion in die Luft steigen, allerdings stürzt der Drachen bereits nach 30 Schritt in ein Distelgestrüpp. Ein Trümmerhaufen liegt vor ihnen.

Trotzdem, der Vogel bleibt ihr Vorbild. Beide sind fest davon überzeugt, daß der Segelflug nicht nur für den Vogel da ist, sondern daß auch der Mensch auf künstliche Weise diese Art des Fliegens nachahmen kann.

Bald ist Lilienthal soweit, in Anlehnung an den Vogelflug die Berechnung eines Flugapparates durchzuführen, welcher bei verhältnismäßig geringem Kraftverbrauch es dem Menschen ermöglichen soll, sich frei fliegend durch die Luft zu bewegen.

Mit Feuereifer baut er mit seinem Bruder diesen ersten Flugapparat. Die Flugfläche mißt acht Quadratmeter. Das Gestell der Flügel besteht aus Weidenholz, ist mit Schirting bespannt und lackiert. Das Gewicht beträgt 18 Kilo. Um den Apparat zu halten, liegt der Unterarm in zwei gepolsterten Einschnitten im Gestell. Zwei Griffe werden mit den Händen umfaßt.

Der Start kann beginnen. Nach einem Anlauf von acht Metern springt Lilienthal von einem Brett ab. Dabei ermöglichen die Flügel einen Hüpfer von zwei Metern Höhe und sieben Metern Weite. Der Anfang ist geschafft, und die Brüder jubeln. Nun üben sie jeden Tag, und bald erreichen sie einen Sprung von 25 Metern durch die Luft.

Das Übungsterrain wird zu klein. Die nächste Startbahn ist ein Hügel. Immer weiter wird die Flugstrecke. Eines Tages ist es sehr stürmisch, und sein Bruder warnt ihn. Aber er als Flugpionier und Erfinder läßt sich nicht vom Fliegen abbringen. Aus sechs Metern stürzt er ab und zieht sich schwere Verstauchungen zu. Aber schon bald segelt er wieder durch die Lüfte.

Er entdeckt die Rhinower Berge bei Berlin als ideales Flugübungsgebiet. Aus einer Höhe von 60 Metern segelt er erst 80 Meter, dann 250 Meter weit durch die Luft.

Nun kommen ihm Gedanken an den Motorflug. Er forscht über die Windgeschwindigkeit, den Flügelschlag und über einen Kohlensäuremotor. Seine Flugversuche gehen weiter. Die Bevölkerung nimmt lebhaften Anteil an dem „fliegenden Menschen". An Sonntagen pilgern sie in Scharen mit Kind und Kegel zu den Hügeln bei Berlin. Sie beobachten Lilienthal, wie er mit seinen zwei mächtigen Flügeln auf den Berg steigt, anläuft, abspringt und als moderner Ikarus ins Tal segelt. Und wenn die Neugierigen ihn dann beglückwünschen, erklärt er ihnen: „Eine Flugmaschine zu erfinden, bedeutet gar nichts; sie zu bauen, nicht viel, sie zu erproben, alles!"

Der Schlafende dreht sich auf die andere Seite, streckt sich und träumt weiter.

Er konstruiert immer bessere Flugzeuge. Der Kaiser verleiht ihm Orden. Er, Lilienthal, ist der erste Mensch, der wirklich fliegt.

Der Wecker klingelt. Ärgerlich sieht er auf die Uhr. Er hat vergessen, ihn abzustellen.

„Ausgerechnet heute, an meinem freien Tag", murmelt er und reibt sich die Augen.

Er setzt sich auf die Bettkante.

„Schade", sagt er zu sich, „da habe ich das Flugzeug erfunden, und keiner will's mehr wissen. Leider ist mir Leonardo da Vinci zuvorgekommen." Er lacht: „Seit 500 Jahren wird geflogen, und ich springe von den Rhinower Bergen! Aber trotzdem, es war ein schöner Traum", tröstet er sich und legt sich wieder ins Bett.

Leider ist mir Leonardo zuvorgekommen

Über den Autor

1924 in Frankfurt am Main geboren und aufgewachsen in der pulsierenden Metropole Berlin, kommt Ferry Ahrlé schon früh mit der Kunst in Berührung. Sein Vater, René Ahrlé, zählt zu den Großen der Werbegraphik und erschließt ihm die Faszination des Malens und Zeichnens. Kontakte zum damaligen Deutschen Theater nehmen ihn für die Bühne gefangen. Er studiert an der Akademie der bildenden Künste. Hier bietet sich ihm die Gelegenheit, von berühmten Lehrern – u. a. Max Kaus – zu lernen. Neben seinem Studium nimmt er bei Albin Skoda, einem der großen Darsteller, Schauspielunterricht. Zwei Spielzeiten zeichnet er die Programmtitel der Berliner Philharmoniker, darunter die Porträts von Furtwängler, Menuhin und Klemperer.

Sein Atelier wird zum Treffpunkt für Politiker, Kulturschaffende und Wissenschaftler. Er entwirft Dekorationen für den Film „Berliner Ballade" und arbeitet für das bekannte literarische Kabarett „Die Stachelschweine". Die 50er Jahre bringen Ahrlé nach Frankfurt am Main. Hier entwirft er seine ersten Filmplakate, u. a. zu Filmen von Fellini, Bergman, Buñuel, Truffaut und Polanski.

In den 60er Jahren geht er nach Paris. Sein Interesse gilt hauptsächlich der Architektur und der Stadtlandschaft. Für seine Bildserie „Deutsche Städte" erhält Ahrlé 1983 in Frankreich den ersten Preis auf dem „Internationalen Tourismusplakatwettbewerb".

Zurück in Frankfurt am Main, zeigt er ab den 70er Jahren seine Bilderzyklen „Signal und Schiene", „Von Ikarus bis Überschall", „Das Geld in Oper und Schauspiel" und „Mozartissimo".

1979 wird das Fernsehen zu seinem neuen Medium. In seiner Serie „Sehr ähnlich, wer soll's denn sein?" unterhält er sich mit seinem Gesprächspartner und porträtiert ihn gleichzeitig dabei. Martin Held, Paul Dahlke, Karl John, Johannes Heesters, Maria Schell, Erika Pluhar und viele andere gehören zu seinen Gästen.

Für die besondere Art seiner Talkshow erhält Ahrlé 1980 in New York die Goldmedaille auf dem „Internationalen Film- und Fernsehfestival".

In seiner Serie „Die Kleinen der Großen" erfindet er dienstbare Geister großer historischer Persönlichkeiten, und in der Serie „Galerie der Straße" stellt er die Großen der Plakatkunst vor. Zu allen Filmen schreibt er die Drehbücher. In seinem Buch „Flötentöne ohne Noten" reflektiert er Geschichte und Gegenwart mit hintergründigem Humor.

1994 zeigt er in Frankfurt am Main seine Ausstellung „Theater in Tusche" im Leinwandhaus und 1995 „Plakate und Portraits aus der Welt des Films" im Deutschen Filmmuseum.

1999 Ausstellung „Alles Theater" im Stadtmuseum Hofheim am Taunus.

Weitere Veröffentlichungen:
„Sehen und sehen lassen", Autobiographie
„Galerie der Straße", Große Meister der Plakatkunst
„Balkone – Vier Wände und ein bißchen mehr"
„Mögliche Begegnungen" – Mosaik eines Erfinderlebens (Henri Nestlé)
„Türme der Macht und des Geistes"

Auszeichnungen:
1962 Prix Toulouse-Lautrec
1965 Grand Prix International des Dessins de Deauville
1984 Ehrenplakette der Stadt Frankfurt am Main
1985 Bundesverdienstkreuz 1. Klasse
1990 Ehrenkreuz für Wissenschaft und Kunst der Republik
      Österreich
1994 Prix Rabelais, Chinon